HISTOIRE
D'AX ET DE LA VALLÉE D'ANDORRE.

OUVRAGES DU MÊME AUTEUR.

Histoire des Populations Pyrénéennes, du Nebouzan et du Pays de Comminges ; 2 gros vol. in-8º de 500 pages chacun, imprimés aux frais du conseil-général de la Haute-Garonne.

Histoire de Bagnères-de-Luchon et des Vallées environnantes, avec des Notices sur les Bains de Siradan, d'Encausse et de Ganties ; 3ᵉ édition, 1 fort vol. in-8º.

Deux ans d'Exil, ou Histoire de la dernière Révolution romaine ; 1 vol. in-8º.

Des Mœurs, de la Religion et de la Langue des Anciens Convenæ ; 1 vol. in-8º.

Mémoire sur la comparaison de la Littérature Latine et de la Littérature Française ; ouvrage couronné par l'Académie des Sciences de Toulouse ; brochure in-8º.

De la Réforme des Prisons et du Système Pénitentiaire ; 1 vol.

L'Impot sur le Sel ; brochure in-8º.

Clémence-Isaure, roman historique ; 1 fort vol.

Sous Presse :

Histoire Générale du Pays et du Comté de Foix ; 2 gros volumes in-8º de plus de 500 pages chacun.

HISTOIRE
D'AX ET DE LA VALLÉE D'ANDORRE

Description et Analyse des eaux thermales, observations thérapeutiques, origine des diverses sources, leurs vertus médicales, travaux d'art, embellissements, promenades, etc.

AVEC

DES NOTICES HISTORIQUES
SUR LES BAINS D'USSAT ET D'AUDINAC

ET SUIVIE D'UN ITINÉRAIRE GÉNÉRAL A L'USAGE DES BAIGNEURS;

PAR

H. CASTILLON (D'ASPET),

Auteur de l'Histoire des Populations Pyrénéennes, du Nebouzan et du pays du Comminges; de l'Histoire de Bagnères-de-Luchon, etc.

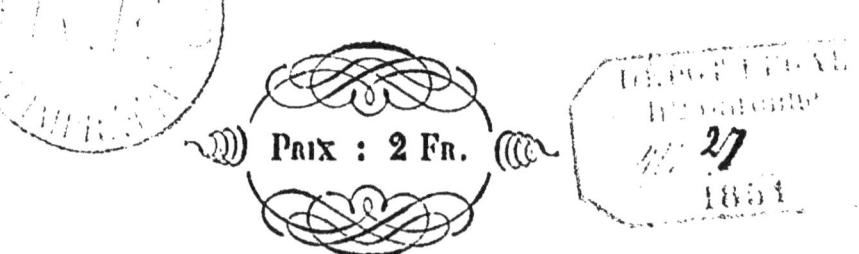

PRIX : 2 FR.

Se Vend :

TOULOUSE,	FOIX,
ANSAS, libr., rue des Balances, 7.	POMIÈS frères, imprim.-libr.

Dépôt : A Ax, Ussat et Audinac.

—

1851.

Tout exemplaire non revêtu de la signature de J.h PITET, propriétaire-éditeur de cette édition, est réputé contrefait.

Pitet

A M. LE PRINCE DE BERGHES,

MEMBRE DU CONSEIL GÉNÉRAL DE LA HAUTE-GARONNE.

Monsieur,

L'*Histoire d'Ax et de la vallée d'Andorre* pouvait-elle paraître sous un patronage plus auguste que le vôtre ? — Représentant de l'idée traditionnelle de la famille nobiliaire et de l'idée émancipatrice du peuple, la dédicace de ce livre vous appartenait de droit.

Les comtes de Foix, suzerains d'Ax et d'Andorre, représentaient, eux aussi, le principe de race allié à l'esprit de liberté ; et le gouvernement populaire de l'Andorre n'est que la grande formule fusionniste de ces deux mots : puissance et liberté.

Vous portez, Monsieur, un de ces noms augustes qui ont toujours su faire respecter le pouvoir, en lui donnant pour base l'amour du peuple ; honnêteté, religion, moralité et liberté, vous réunissez tout cela à un suprême degré.

Permettez que j'inscrive ces vertus au frontispice d'un ouvrage que j'ai l'honneur de vous dédier, car elles se personnifient en vous.

Votre modestie, Monsieur, pardonnera sans doute à mon indiscrétion, alors qu'elle est étrangère à toute pensée de flatterie, et que la publicité que je lui donne n'est que le résultat d'une vérité vivement sentie par tous ceux qui vous approchent.

Les Mécènes du peuple ne sont pas tous sur les degrés du trône, comme ses véritables amis ne se rencontrent pas toujours sur les pavés des rues.

Agréez, Monsieur, l'expression de mes sentiments respectueux, avec lesquels

J'ai l'honneur d'être

Votre très-dévoué serviteur,
H. CASTILLON (d'Aspet).

Toulouse, le 10 juillet 1851.

HISTOIRE
D'AX ET DE LA VALLÉE D'ANDORRE.

CHAPITRE PREMIER.

Situation topographique d'Ax. — Division naturelle du département de l'Ariége. — Les anciens peuples qui habitaient ce pays. — Des *Flussates* et des *Tarasconienses*. — Mœurs, langage et religion de ces tribus. — Ax situé dans la contrée des *Tarasconienses* — Époque gauloise.

La ville d'Ax est située entre le 1° 35' de longitude et le 42° 51' de latitude. Placée à l'extrême frontière du département de l'Ariége, qui, lui-même, s'étend vers le centre de la chaîne des Pyrénées, dans la partie culminante de leur versant occidental, elle est, après le lieu de Mérens, la dernière halte du voyageur qui, de ce côté, se rend en Espagne.

Le département de l'Ariége offre cette particularité singulière qu'il est divisé, sous le rapport géographique, en quatre parties distinctes ou bassins bien déterminés. On dirait un immense casier divisé en quatre compartiments. D'abord, c'est le bassin de l'*Ariége,* ancien comté de Foix, et qui comprend aujourd'hui les arrondissements de Pamiers et de Foix ; c'est ensuite le bassin du *Salat,* ancien Couserans, et qui forme de nos jours l'arrondissement de Saint-Girons. Cette division se trouve naturellement établie par une longue barrière de montagnes qui commence par son extrémité sud et se lie à la haute chaîne des Pyrénées au-dessus d'Aulus, et s'étend et s'abaisse peu à peu en se prolongeant vers le nord jusqu'auprès de la ville de Foix.

Ces deux immenses bassins se subdivisent encore eux-mêmes en deux parties bien distinctes : la Haute et Basse-Ariége, le Haut et Bas-Salat. Cette division est établie par des lignes de montagnes qui déterminent, non-seulement des différences physiques bien marquées quant à l'aspect du sol, mais encore des différences morales entre les habitants de ces quatre pays sous le rapport du langage, des mœurs, des costumes et de leur industrie. Mais ces différences peu tranchées entre les habitants des plaines du Bas-Salat et de la Basse-Ariége, le sont beaucoup entre les deux populations des deux pays hauts, ainsi que nous aurons l'occasion de l'établir bientôt.

La ville d'Ax se trouve donc située dans cette partie du département que nous appelons la Haute-Ariége, qui commence au lieu appelé le Pas-de-la-Barre, au-dessous de Foix, et qui s'étend jusqu'à la frontière espagnole en suivant le cours de la rivière. L'aspect général de ce pays, qui composait l'ancien comté de Foix, est sombre ; les montagnes sont nues et sèches ; les habitants, très industrieux, voyant la terre insuffisante à leurs besoins, tournent leur activité vers les mines, les exploitations de tout genre, etc. C'est aussi dans ces montagnes qu'il faut chercher le caractère original des localités et le type primitif des populations anciennes.

Dans les temps reculés, ce que nous appelons le comté de Foix renfermait deux populations ou tribus bien distinctes, que nous avons désignées sous les noms de *Flussates* et de *Tarasconienses* (1). Leur nationalité, le caractère d'indépendance qui n'a cessé, dans tous les siècles, de leur être particulier,

---

(1) Voir notre *Histoire générale du pays et du comté de Foix*, t. 1, page 51.

et leurs mœurs qui ont servi toujours à les distinguer des populations voisines, tous ces traits significatifs de l'énergique existence d'un peuple primitif doivent être considérés comme des faits historiques d'un haut enseignement.

Or, sous la période ancienne, les *Flussates*, dont parle Pline et qui sont ceux de Foix, étaient surtout distingués par un caractère énergique qui se traduisait en traits de bravoure, d'indépendance absolue, favorisés par la circonscription d'un sol qui provoquait lui-même ces vertus patriotiques. C'est aussi sur cette large bande de terrain qui se dessine en serpentant le long du cours de l'Ariége, que s'est agitée, en tous sens, la puissance active et turbulente des *Flussates*.

Ligués, tantôt avec les Volces-Tectosages, ils défendaient la sainte cause de la nationalité gauloise à l'encontre d'avides conquérants ; tantôt alliés des Romains, lorsque ces derniers aux prétentions ambitieuses de la conquête savaient substituer les mœurs plus douces de la civilisation, ils servaient fidèlement, au-delà des montagnes, le parti de la République contre des généraux factieux. Jamais ils ne démentirent leur caractère primitif.

Aussi, dès que les alliés, n'opposant aucune résistance aux armes romaines, cédèrent à la loi du plus fort, les *Flussates*, refusant de porter le joug de l'esclavage, se retirèrent dans leurs montagnes pour vivre libres et fiers au sein de leurs tribus. Lorsque le monde des Césars croula, affaissé par son propre poids que rien ne soutenait, ils ne s'effrayèrent point de la chute du colosse. Néanmoins il est à remarquer ce fait assez singulier : c'est que les débris de son culte, de son organisation municipale et administrative, en un mot, tout ce que Rome avait légué de bon aux Gaules survécut dans le vieux pays de Foix (1).

---

(1) *Idem*, pag. 58.

Le fait de la nationalité du pays de Foix survécut encore, pur de tout contact étranger, sous les Visigoths, ces grands légataires de Rome expirante. Et comme si ces barbares eussent eu l'instinct du grand et du beau, ils respectèrent l'indépendance des *Flussates*. Chose étrange! les Visigoths eurent même une prédilection marquée pour les contrées qui bordaient les Pyrénées. Serait-ce parce qu'ils pressentaient déjà qu'un jour, qui n'était pas éloigné, ces montagnes devaient servir, aux débris de leur nation vaincue, de barrières protectrices contre de féroces envahisseurs? Nous ne le savons; mais il est certain que le gouvernement des Visigoths convenait mieux au caractère national des peuples de l'Aquitaine. On sait, au reste, que du temps des Romains la Gaule-Narbonnaise se terminait au pied des Pyrénées qui délimitent le pays de Foix, et que du côté opposé commençait l'Aquitaine.

Les *Tarasconienses* formaient, comme les *Flussates*, une tribu particulière dont le nom a survécu dans celui de Tarascon. Les premiers auraient occupé l'espace qui s'étend depuis cette ville jusqu'aux frontières de l'Espagne, et peut-être au-delà (1); les seconds se seraient établis auprès de la ville de Foix et dans l'intérieur des vallées environnantes qui s'ouvrent en deçà du Pas-de-la-Barre.

Mais, en définitive, quelle était l'origine de ces *Tarusconienses* ou *Tarasconienses*, ainsi que Ptolémée les appelle indifféremment? Nous la retrouverions, au besoin, dans le nom lui-même que porte la province espagnole la *Taraconaise;* et leur étymologie commune pourrait nous autoriser à démontrer que les peuples de la *Taraconaise* et les *Tarasconienses* étaient issus de la même race, comme nous l'avons constaté ailleurs (2), si

---

(1) Voir notre *Histoire générale du pays et du comté de Foix*, t. I, pag. 82.

(2) *Ibid.*, pag. 47.

l'histoire des contrées pyrénéennes ne venait confirmer cette assertion avec des preuves à peu près incontestables.

En effet, le premier qui s'ouvrit un passage à travers les Pyrénées, fut un Romain, du temps de la République ; ce Romain était Fabius, allant en ambassade à Carthage. Pressé de porter, dans le pli de sa robe, une guerre de soixante années, il n'eut pas le temps de dire comme César, quelques années plus tard : « *Ce pays appartient à la République !* » Annibal, sous les Gaulois, traverse ces mêmes montagnes et va porter au sénat de Rome, à la tête de ses troupes, la réponse au message insolent de Fabius. Mais, dans leur empressement, ni l'un ni l'autre n'eurent le temps de laisser sur ces monts les traces de leurs pas. Après ceux-ci vint Pompée, qui, plus heureux que ses devanciers, en allant en Espagne attaquer Sartorius, s'arrêta sur les Pyrénées. Il fut aussi plus audacieux ; car il est le seul conquérant de l'antiquité qui ait eu assez d'ascendant pour réunir à son armée « les forces des Cantabriens, des « Vascons, des *peuples de la Taraconaise et même celles des* « *Aquitains, qui vivaient en bonne intelligence avec les Espagnols* « *de la frontière*, QUI LEUR RESSEMBLAIENT *en langue, en humeur* « *et en façon de vivre.* » Mais présageant déjà que l'ambition romaine arriverait un jour jusque-là, il laissa des trophées de son passage et bâtit des villes au sein des Pyrénées, entre autres *Lugdunum-Convenarum*, aujourd'hui Saint-Bertrand de Comminges, et aussi peut-être *Austria*, ancienne capitale des *Consorani*, de nos jours Saint-Lizier. César, par son lieutenant Crassus, régularisa les conquêtes de son prédécesseur et favorisa ses établissements. C'est donc un fait incontestable que cette mise en possession des Romains au milieu de populations qui vivaient libres et indépendantes.

Mais, par une conséquence naturelle, on conçoit également que ces mouvements militaires si divers ont dû, à leur tour, être profitables aux habitants de ces montagnes, au point de vue civilisateur, et que des tribus accoutumées dans leurs retraites aux manœuvres des armes, n'ont point manqué de s'en servir lorsqu'une occasion favorable à leur émancipation s'est naturellement présentée. Dans ce sens, les Pyrénées françaises, et notamment la contrée des *Flussates* et des *Tarasconienses*, se signalent, à toutes les époques de l'histoire ancienne et moderne, par un esprit d'activité persistante vers leur indépendance.

N'est-ce pas, au reste, du sein de leurs montagnes que, vers le IVe siècle, sous le règne d'Aurélien, sortirent, formidables comme un torrent, ces fiers paysans qui, sous le nom de *Bagaudes*, se révoltèrent en masse pour secouer le joug de la puissance romaine et reconquérir par leur valeur les droits à leur ancienne liberté gauloise? N'est-ce pas Constant, empereur d'Arles et maître de l'Espagne qui, par une politique imprévoyante, ouvrit les portes de la Péninsule aux barbares en retirant la garde des Pyrénées à ces braves et fidèles paysans chargés de la défendre? Les Bagaudes désarmés n'en restèrent pas moins cantonnés dans leurs retraites et se déclarèrent ouvertement les opiniâtres protecteurs de la nationalité montagnarde, à l'encontre de la puissance visigothe; car, deux siècles après la grande invasion, on les vit organisés en corps, et sous le nom générique de Gascons ou Wascons, descendre de tous les sommets des Pyrénées et se répandre comme un torrent dans la Novempopulanie et jusque sur les bords de la Garonne (1).

Au surplus, le mouvement de cette population interno-

---

(1) Voir notre *Histoire des populations pyrénéennes*, etc., tom. I, pag. 62; et l'*Histoire générale du pays et du comté de Foix*, tom. I, pag. 81.

pyrénéenne ne s'arrêta point, même après la grande invasion des Wascons dans l'Aquitaine, car son activité s'annonça encore formidable et turbulente sous le règne de Charlemagne. Le voisinage des Sarrasins d'Espagne semblait la raffermir de plus en plus dans l'esprit de son indépendance primitive; et comme si le caractère des races devait être impérissable, les *Bandouliers,* troupes errantes sur le sommet des montagnes, firent revivre la valeur des Bagaudes, leurs ancêtres. Ceux-ci, en harcelant les armées d'envahisseurs, protestèrent hautement, les armes à la main, contre l'asservissement de leur pays.

Aussi, lorsque la féodalité, étendant ses longs bras sur la France, voulut enserrer tous les pays situés en deçà de la Loire, elle se trouva prise au dépourvu dans la lisière étroite qui borde les Pyrénées. Une énergique résistance fut opposée à ses terribles étreintes, et la volonté commune s'exprima tantôt par d'unanimes protestations au sein des municipes, tantôt par le ravage et la destruction que répandaient partout des bandes armées qui se soulevaient en masse contre un régime qui ne convenait nullement à leur constitution franchement libérale.

Il ne nous serait point difficile de suivre le développement de cet esprit révolutionnaire dans les générations qui succédèrent aux Bagaudes, et d'établir en fait que l'indépendance des populations interno-pyrénéennes a été une œuvre d'instinct, conçue en dehors de toute influence étrangère et entièrement en rapport avec un esprit inné de nationalité. Qu'était-ce, par exemple, que la guerre des *Bâtards,* vagabonds issus de la Gascogne qui se disaient fils naturels de gentilshommes, et qui n'étaient en réalité que les enfants légitimes des Pyrénées? Qu'étaient-ce que la guerre des *Camisards* et la révolte des *Pastoureaux* du Midi, si ce n'est, sous une forme individuelle, le peuple aquitain s'insurgeant contre la féodalité expirante après l'avoir tenue en échec pendant des siècles? Nous voyons encore revivre cette opposition traditionnelle et persistante dans les gentilshommes béarnais qui, aux jours orageux de la Ligue, quittèrent leurs montagnes pour venir à Paris soutenir les droits du *roi des Pyrénées* à la couronne de France. Nous la voyons se constituer en pouvoir souverain dans la vallée d'Andorre, et jusque dans les chartes qui ont régi les communes existantes aujourd'hui au versant des montagnes françaises. S'il fallait, enfin, une preuve récente de cette survivance de l'esprit général de liberté dont les tribus interno-pyrénéennes ont été sans cesse animées, nous invoquerions les souvenirs de 1828 et l'apparition des bandes de *Demoiselles* qui effrayèrent un instant les ministres de la restauration.

L'intérêt politique de ces paysans déguisés était loin, sans doute, d'avoir la même importance que celui qui faisait agir ces autres paysans, leurs aïeux, connus sous le nom de *Bagaudes*, sentinelles armées pour défendre les libertés montagnardes. Mais les uns et les autres n'en eurent pas moins qu'une seule et même préoccupation, qu'un seul et même mobile : *l'indépendance!* Les premiers la firent consister dans un sol affranchi de toute domination étrangère; les seconds, en demandant la restitution des biens communaux et des droits anciens de vaine pâture. Ceux-là soutinrent leurs justes prétentions, les armes à la main, et sortirent vainqueurs d'une lutte qui dura treize siècles; ceux-ci, traités de factieux, lorsqu'ils n'étaient que des plaignants réduits à la nécessité de n'être plus écoutés, furent soumis par la force.

La nationalité des populations interno-pyrénéennes, parmi lesquelles les *Convenœ*, les *Consorani*, les *Flussates* et les *Tarasconienses* (ces trois dernières tribus dépendantes de l'ancien pays de Foix) occupent un rang distingué; le caractère d'indépendance qui n'a cessé, dans tous les siècles, de leur être attrilué, et leurs mœurs indigènes qui ont servi puissamment, dans leur vie politique, à les distinguer des populations voisines, tous ces traits significatifs de l'énergique existence d'un peuple primitif doivent donc être considérés comme des faits historiques incontestables.

Un auteur moderne, M. Garrigou, dans ses études historiques, d'ailleurs fort remarquables, sur l'ancien pays de Foix, en admettant l'origine celtibérienne des *Tarasconienses*, leur fait occuper le pays de *Sabartés*, qui s'étendait, selon lui, depuis le col de Puymorin du côté de l'Espagne, jusqu'au pas de la Barre, au-dessous de Foix, en descendant le cours de l'Ariège (1) ; de sorte que sous ce nom de *Sabartés*, il faudrait comprendre toute la contrée habitée jadis par les tribus des *Flussates* et des *Tarasconienses*. Nous ne partageons point cette opinion, dans ce sens qu'avant l'invasion romaine et sous la période gauloise, ces deux dernières tribus occupaient un pays distinct, un espèce de cantonnement particulier à chacune d'elles; et que le mot de *Sabartés*, en dépit de son origine celtique ou ibérienne que lui reconnaît cet écrivain, ne date tout au plus que du huitième ou neuvième siècle. Cette dénomination n'a été créée alors, en effet, que pour désigner une viguerie ou délimitation territoriale à l'usage du régime féodal. Le nom de *Sabartés* ne saurait avoir une date plus ancienne.

Quoi qu'il en soit, la contrée des *Tarasconienses* qui commence auprès de Tarascon et s'étend jusqu'à la frontière espagnole, enserre tout le haut pays arrosé par l'Ariège et le Vic-Dessos. La ville d'Ax se trouve ainsi dans sa circonscription. Sous ce point de vue, cette contrée mérite, de notre part,

---

(1) Garrigou, *Histoire de l'Eglise de Sabar*, page 2 et *seq*. — *Etudes historiques sur l'ancien pays de Foix et le Couseran*, tome, I, page 105 et *seq*.

un examen tout particulier, puisqu'elle rentre d'une manière directe dans le sujet que nous traitons.

Il est évident qu'antérieurement à la domination romaine, il a existé dans la contrée des *Tarasconienses* une population de race celtique ou ibérienne à laquelle les *Tarasconienses* eux-mêmes appartenaient, et dont la présence semble être suffisamment démontrée et par l'histoire et par les termes de la langue primitive des peuplades des Pyrénées, qui ont survécu dans les noms des montagnes, de divers cours d'eau et de plusieurs localités : restes précieux d'un idiôme perdu et oublié depuis des siècles.

« Par qui nos montagnes furent-elles primitivement habitées? s'écrie un écrivain moderne (1). Elle furent habitées d'abord par les sangliers, les chamois, les chèvres, les taureaux, les béliers sauvages, les écureuils, qu'on y trouve encore quelquefois dans les grandes forêts, et sans doute aussi par des bêtes féroces, par d'affreux reptiles.

« C'est contre ces hôtes redoutables et contre l'âpre ingratitude des lieux qu'eurent à lutter les premières populations qui s'assirent sur les Pyrénées et de là se répandirent dans l'ancienne Celtique et dans l'ancienne Ibérie. L'obscurité de leur origine les faisait appeler par les historiens *Indigètes* ou *Autochthones*, c'est-à-dire *nés sur le sol.* »

D'un autre côté, nous trouvons que les Ibères ont primitivement habité toute la chaîne de nos montagnes de l'une à l'autre mer, et que leur idiôme s'y est naturalisé à une époque fort reculée (2). Les mots celtiques et ibériens abondent, au reste, dans le pays des *Tarasconienses*. Il nous suffira d'en

---

(1) Bordes-Pagès, *Notice sur le Couseran*, page 86.
(2) Voir notre *Histoire des populations pyrénéennes*, etc., tome I, page 85.

citer quelques-uns. Le mot de *sabar*, par exemple, dont nous empruntons l'explication à l'ouvrage déjà cité de M. Garrigou, est évidemment d'origine celtique ou ibérienne. On trouve dans la langue basque le nom propre de *Bessabar*, que M. Fauriel explique de la manière suivante : Ce mot est composé, dit-il, de *bess*, *bessa*, FORET ; et de *behar* (prononcé *bar*), d'EN BAS ; d'où cette signification : *Forêt basse* ou *inférieure*. Or, les vallées de l'Ariége, dit M. Garrigou, conservent encore des dénominations qui rendent cette explication assez naturelle.

Ainsi, *Bessédo* a dû primitivement signifier forêt. Le bois communal de Tarascon est dit de nos jours la *Bessédo*. Comparé à ceux de la partie supérieure des Pyrénées, le bois qui, dans le passé, enveloppait la roche de *Sabar* et descendait jusqu'au confluent des deux rivières d'Ax et de Vic-Dessos, était donc par sa position le bois *d'en-bas*, le *Bessebar* des anciens Ibères, Aquitains ou Basques. — Le mot celtique *Ker* signifie encore dans la contrée des anciens *Tarasconienses* : tête ou *crête de rocher*, d'où on a fait *Kérigut* ou *Querigut*, qui signifie ROCHER AIGU; *Karcabanac*, ROCHER RESSERRÉ; *Karraou*, AMAS DE ROCHERS. Cette même dénomination celtique du mot *Ker* ou *Quié* s'est conservée encore dans ce pays, puisque sur la route tracée le long de l'Ariége, de Tarascon aux Cabanes, on passe du côté du nord sous le *Quié* de Bouan ; et du côté du midi sous les *Quiés* d'Ornolac et d'Ussat. Ces étymologies nous montrent les traces de la première langue parlée dans ces montagnes. Nous la verrons successivement s'enrichir et progresser aux dépens des autres peuples (1).

D'abord, des étrangers plus avancés en civilisation, les Phéniciens les premiers, selon Diodore de Sicile, les Grecs

---

(1) *Histoire générale du pays et du comté de Foix*, tom. 1, pag. 71.

ensuite et les Carthaginois, poussés par le désir d'exploiter les mines et le commerce des Gaules et de l'Espagne, apportèrent aux habitants des Pyrénées des céréales, des fruits, des plantes nouvelles ; leur apprirent l'usage du fer, etc. Les habitants tirèrent parti de ces communications, qui durent être assez longues et assez fréquentes puisqu'elles ont laissé des traces profondes dans le langage du pays.

C'est ainsi qu'on trouve des analogies dans une foule de nos termes patois avec la langue grecque. Nous ne citerons que les suivants : *Cauma*, chaleur, d'où le mot patois *caoumas* ; *truco*, briser, d'où le mot *truca* ; *bracus*, court, d'où la désignation de *brac* ; *ana*, mouvement de bas en haut, d'où le mot *ana*, aller ; *pharos*, lumière ou phare, d'où le nom *har* ou *far*, donné à l'arbre de la Saint-Jean, destiné à un feu de joie.

Il n'est point jusqu'au passage des Romains et même des Sarrasins qui n'aient laissé des traces de leurs mots dans l'idiôme de ces montagnes. On peut même assurer que l'origine du plus grand nombre des noms de lieu des *Tarasconienses* vient de la langue latine. Il nous suffira de citer d'abord le nom d'Ax, abréviatif de celui d'*Acqs*, qui, lui-même, vient du mot *aqua*, eau. Chose assez remarquable ! les noms terminés par *ac* ou *ax* et *aux*, qui, selon tous les étymologistes, signifient des lieux occupés jadis par l'eau, abondent aux environs et dans le canton d'Ax.

Ainsi, nous trouvons les lieux de *Niaux*, de *Jaunac*, de *Caychax*, de *Ornolac*, de *Saint-Conac*, d'*Axiat*, de *Vernaux*, de *Bestiac*, d'*Unac*, de *Luzenac*, de *Tignac*, d'*Ignaux*, de *Savignac*, de *Sentenac*, etc. Qu'attestent tous ces noms qui ont évidemment une origine aqueuse, sinon qu'il fut un temps où toutes nos montagnes étaient occupées par les eaux ? « Deux « mers immenses, dit l'auteur de la *Notice sur le Couserans*, « battaient de leurs flots les deux côtés des Pyrénées ; leurs

« ondes communiquaient entr'elles et s'entre-heurtaient à tra-
« vers ces gorges et ces brèches qui sont aujourd'hui des *ports*.
« Ce qui constitue maintenant nos fécondes vallées n'était alors
« que des abîmes profondément excavés, à mille mètres au-
« dessous du sol actuel. Des quartiers de montagnes précipités
« et entassés les uns sur les autres ont comblé ces abîmes.
« Ces vives anfractuosités que l'on aperçoit partout comme
« des plaies mal cicatrisées, indiquent les endroits d'où se
« sont détachés ces grands éboulements (1). »

Ainsi, ce sont des masses d'eau exerçant une pression énorme, mues avec une vitesse proportionnée à leur volume et à la rapidité de pentes, qui ont déchiré les flancs de nos montagnes et accumulé dans les plaines les débris que nous y voyons. Le territoire d'Ax, plus qu'aucun autre, porte les traces non équivoques de cette immense révolution.

Si nous ajoutons à cette considération celle-ci : que les eaux qui couvrirent primitivement la terre étaient fortement salines et minérales plus encore que nos mers actuelles, qu'elles tenaient en dissolution ces matières qui sont devenues plus tard des schistes, des silex, des marbres et autres calcaires, nous arriverons à établir, avec M. Bordes-Pagès et de célèbres naturalistes, que les eaux minérales, en général, et celles d'Ax, en particulier, sont en quelque sorte les restes de ces eaux primitives.

Ces sources ferrugineuses, dit l'auteur déjà cité, qui teignent le sol, le chargent d'ocre, le brunissent et le transforment à la longue en une masse lourde et ferrugineuse ; la formation des stalactites et des salpêtres dans nos grottes, les fontaines pétrifiantes, la cristallisation du sel marin qui se dépose au fond de l'eau à mesure que celle-ci se vaporise ou

---

(1) M. Bordes-Pagès, *Notice sur le Conserans*, pag. 134 et *seq*.

en est sur-saturée, sont autant d'indices de ce qui s'est autrefois passé. Une immense quantité d'eau a disparu et s'est solidifiée en se combinant avec divers argiles ou diverses chaux, pour former les montagnes de marbre, de plâtre, de silex.

Les souvenirs d'une origine ignée ou d'un embrasement général n'en subsistent pas moins dans les noms des localités du canton d'Ax que ceux d'une révolution diluvienne. Seraient-ils une preuve qu'on pourrait invoquer à l'appui de ce système qui établit que la terre, étant incandescente à son centre, la masse entière des Pyrénées n'a été qu'un produit de ses explosions, qu'une éruption granitique? Ou bien, ces souvenirs ne seraient-ils qu'une longue tradition de cet embrasement général dont parlent les Phéniciens, qui changea complètement la face de ces montagnes? « Des pâtres, selon Diodore de Sicile, « mirent le feu aux Pyrénées : l'embrasement dura plusieurs « jours ; la superficie de la terre parut brûlée, et de là leur « est venu le nom qui leur a été donné.» M. de Malus, grand-maître des monnaies sous Henri IV, conteste néanmoins ce récit de Diodore, et pense que le nom des Pyrénées vient des soufres et des minéraux qui sont dans les entrailles de ces montagnes.

Quelle que soit l'opinion qu'on adopte à ce sujet, il est incontestable que plusieurs noms de villages de la Haute-Ariége rappellent le souvenir soit des feux intérieurs ou volcans qui se sont manifestés dans ces contrées à des époques déjà fort reculées, soit de l'embrasement des forêts qui précéda le défrichement. Nous citerons ainsi les noms d'*Ustou*, qui tire évidemment son origine du mot latin *ustus*, qui signifie *brûlé ;* ceux d'*Urs*, de *Montsegur* et de *Lassur* indiquent par leurs terminaisons une origine commune. Il en est de même des noms de *Savignac*, d'*Ignaux* et de *Tignac*, dont le radical *ignis*, qui veut dire *feu*, est joint à la terminaison *ac* ou *aux*, que nous avons vu être une abréviation de *aquæ*, EAUX, ce qui établirait que ces localités qui sont dans le voisinage de la ville d'Ax ont possédé aussi, dans les temps anciens, des eaux thermales ou sources chaudes, à moins toutefois que ces noms ne leur aient été donnés qu'à cause de leur proximité des thermes d'Ax, d'ailleurs si abondants en eaux thermales.

Dans tous les cas, il est certain que toutes ces désinences, qui sont communes aux noms de plusieurs villages du canton d'Ax, témoignent, d'accord avec la science et la tradition, en faveur de leur ancienne origine. Il nous serait facile, au surplus, d'établir l'étymologie d'une foule d'autres noms de localités qui rappellent soit les temps primitifs, soit les époques des invasions celtiques ou ibériennes, romaines, visigothes, frankes et même sarrasines ; mais ce serait peut-être sortir trop de notre sujet. Nous avons consigné ailleurs ces recherches, et nous y renvoyons nos lecteurs (1).

Il est néanmoins un fait d'étymologie que nous ne devons pas passer ici sous silence : c'est que dans les gorges d'Ax et de Vic-Dessos, les noms d'*Oriége*, ruisseau, d'*Orgeix*, de *Sorgeat* et d'*Ornolac*, villages, de *Fontargente*, rappellent que ces lieux étaient et sont même riches en minéraux. On sait que Gaston-Phœbus, comte de Foix, exploitait les mines de sa suzeraineté avec tant d'avantage, qu'il surpassait en magnificence les plus grands monarques de son siècle. Mais si nous admettons l'opinion de M. de Malus, qui déclare que les montagnes de Foix sont remplies de minéraux, et que le fer, le cuivre, l'or et l'argent y sont minéralisés par le soufre, dès-lors l'origine de ces noms remonte à une très haute antiquité. Il ne faut donc point

---

(1) *Histoire générale du pays et du comté de Foix*, tom. I, pag. 16, 31 et suiv.

s'étonner que les Romains, selon Pline, pussent parvenir à retirer *tous les ans*, des Pyrénées, plus de *quatre millions d'or*, sans compter ce qu'ils s'en procuraient en argent.

« Les paillettes d'or que l'on découvre dans les ruisseaux du comté de Foix, dit M. de Malus, proviennent des mines de cuivre que renferment ses montagnes. L'eau dissout les vitriols qui en résultent, l'or reste sous la forme de paillettes ; celles-ci, entraînées par les pluies, sont charriées avec elles dans les ruisseaux et les rivières. »

De tout ce qui précède sur l'origine des noms propres de lieux qui appartiennent, pour la plupart, à la langue celtique et romaine ; de la dénomination de la grotte de *Lombrive*, qui rappelle le culte de la divinité aquitanique *Ilhumber*; des découvertes récentes qui ont été faites, soit aux environs de la chapelle de Sabar, qu'on suppose avoir été, sous la période romaine, le siége d'un établissement religieux, soit, en un mot, de toutes les explications philologiques fournies par les divers auteurs qui se sont occupés de l'histoire du pays de Foix, il faut conclure que les *Flussates* et les *Tarasconienses* ont adoré des divinités topiques (1).

A l'exemple des Celtes et des Ibères, leurs aïeux, ils bornèrent d'abord leur culte aux objets physiques qui frappaient merveilleusement leurs sens. Possesseurs du revers septentrional de ces monts, et voyant devant eux un sol recouvert par des bois immenses, de vastes lacs, de larges fleuves et des rochers couronnés au loin de glaces, il leur fut facile de retrouver dans cette sublime nature tout ce qui pouvait en imposer à leur imagination religieuse.

---

(1) Fauriel, *Histoire de la Gaule méridionale*, tom. II. — Garrigou, *Histoire de l'Eglise de Sabar*, pag. 8 et seq. — H. Castillon, *Histoire des Populations pyrénéennes*, etc., tom. I, pag. 86 ; et *Histoire du pays et du comté de Foix*, tom. I, pag. 55 et seq.

Ainsi le culte seul de la nature trouva parmi ces populations de nombreux adorateurs. Chaque cime de rocher, chaque pierre qui, par sa structure singulière, pouvaient frapper les regards étonnés, devenaient, par ce seul fait de construction ou de position, une divinité à laquelle on offrait des sacrifices et des hommages. Ne voyons-nous point *las peyros rouzados*, roches rongées par l'eau, non loin de Sabar et où passe la rivière de Vic-Dessos, avoir été placées, selon l'opinion de M. Garrigou, au nombre de leurs divinités? Il n'était pas jusqu'aux arbres qui ne reçussent une adoration spéciale, des vœux et des prières. Tout concourait ainsi à former une religion primitive dans le cœur de ces peuples qui n'avaient que des idées très imparfaites sur la divinité.

Plus tard, à ce culte général de la nature qu'on peut regarder comme primordial, et par suite des progrès d'une civilisation plus avancée, fruit du temps et de la raison, se forma, dans le pays des *Flussates* et des *Tarasconienses*, la déification de certaines divinités topiques qui, jointes à l'adoration des divinités ibériennes et romaines que transporta la conquête, composèrent une mythologie particulière dont on retrouve encore aujourd'hui quelques traces.

Ainsi revivent, sur le sol des anciens *Tarasconienses*, les traces ineffaçables des peuples divers qui l'ont foulé sous leurs pieds, dans les temps les plus reculés.

CHAPITRE II.

La contrée des *Tarasconienses* et la vallée d'Ax sous la période sarrasine. — Château de Maou. — Règne des comtes de Foix. — Guerres de religion. — Ax fortifié. — Incendie de la ville. — Les protestants et les catholiques s'en rendent successivement maîtres. — Derniers évènements concernant cette ville. — Divers faits historiques.

S'il est un pays accidenté, un pays propre à servir de refuge et à soutenir des siéges contre les envahisseurs, c'est bien celui que nous étudions et que nous avons appelé la Haute-Ariége. En général, les montagnes de cette contrée sont nues et sèches; l'œil s'attriste et n'y voit que la roche décharnée. La fécondité des bas-fonds est néanmoins admirable; mais la partie stérile et rocailleuse est le double du terrain qu'on peut livrer à la culture. Comment s'est opérée cette transformation ?

Les eaux qui couvraient ces contrées n'abandonnèrent point tout-à-coup les lieux qu'elles occupaient. Elles ont formé primitivement entre les montagnes de grands lacs plus ou moins larges ou encaissés. Le fond de ces lacs s'élevant peu à peu, au moyen des détritus, des terres végétales charriées par des torrents, et alimentés par des pluies et des neiges considérables, formaient le sol exhaussé de ces lacs qui devaient constituer les vallées : ce qui arrivait lorsque l'eau, usant le rocher, finissait par briser le barrage et s'ouvrait un passage forcé. Aussi, à l'entrée de chaque vallée, remarquons-nous un étranglement qui encaisse la rivière et qui est l'espèce de porte ou issue par laquelle les eaux du lac se sont peu à peu creusé un passage. Plus l'étranglement est resserré, plus la vallée qui est au-dessus est plane et unie, parce que l'eau qui y séjournait s'y trouvait comme dans un port tranquille. Le contraire arrive et la vallée est plus inégale lorsque cet étranglement est plus évasé, parce que les eaux qui s'y trouvaient étaient agitées par des flux et reflux continuels.

On cultiva d'abord les hauteurs, les plateaux élevés, puis les pentes des montagnes, les premières soustraites aux eaux ; on respecta les hêtres, les chênes et les sapins qui couvraient primitivement leurs sommets. Mais lorsque l'industrie et les besoins de l'homme se furent emparés de ces bois, on en dépouilla les cimes les plus élevées et on en extirpa jusqu'aux dernières racines. Qu'est-il arrivé ? C'est que, successivement, la terre, privée de support, s'est éboulée ; et que la fonte des neiges, les pluies et les torrents, glissant sur leurs pentes abruptes, ont laissé le roc à nu.

Tel est l'aspect sous lequel s'offre, de nos jours, le territoire du canton d'Ax : des vallées riches et des monts arides et dénudés. C'est aussi sur ce territoire si accidenté que nous allons voir s'agiter en petit et dans un cadre fort restreint quelques-unes de ces passions sociales qui ont éclaté vers les premiers temps de l'histoire moderne, et qui se sont même continuées, à divers intervalles, pendant le moyen-âge.

Vers l'année 711, les Arabes pénètrent en Espagne, et trois ans après ils se rendent maîtres de tous les passages qui, à travers les Pyrénées, conduisent de la Péninsule ibérique dans les Gaules. Les Berbers, tribus nomades dont se composait la grande armée de ces conquérants venus d'Afrique, s'emparent de la Cerdagne, limitrophe du pays de Foix, et détruisent successivement Urgel, Aussonno, Castro-Serra, Cardonne, villes frontières. Cet acte de vandalisme une fois consommé, ils établirent le siége de leur gouvernement à Livia, non loin des vallées de l'Ariége, où ils ne tardèrent point à faire irruption.

Nous voyons, en effet, que sous leur chef Zama, autrement appelé Il-Samah-Ben-Abd-el-Melek, les habitants de la Haute-Ariége disputèrent aux Berbers qui avaient fait irruption de ce côté de nos montagnes, non seulement le passage des ports et les vallées, mais encore toutes les gorges de cette contrée où ils prenaient leurs positions. Cantonnés ainsi tantôt à Livia, ville romaine, bâtie au fond du superbe bassin que domine Puycerda, leur capitale; tantôt entraînés vers notre versant, pressés par le désir de la conquête, ils luttèrent pendant trente ans, soit contre les ducs d'Aquitaine, soit contre les rois franks; pendant trente ans aussi, la contrée des *Tarasconienses* fut le théâtre de guerres incessantes, au point que ses habitants, fatigués de toutes ces luttes, et en présence, d'un côté, de l'invasion franke, et de l'autre, des brigandages des Arabes de la frontière, ils durent céder devant la force. Aussi, résulte-t-il d'une ancienne tradition que le pays de Foix resta, durant quelques années, sous la domination du gouvernement espagnol.

Il était réservé à Charlemagne seulement d'expulser pour toujours les Sarrasins des Gaules. Le souvenir de cette délivrance s'est conservé dans toutes les Pyrénées comme un mythe religieux, au point que la présence de ce roi frank est revendiquée par les populations qui habitent sur toute la longueur de cette chaîne de montagnes. Ainsi, dans le haut pays de Foix, la tradition veut que le second des Carlovingiens ait traversé les vallées de l'Ariége, à la poursuite des Sarrasins. C'est là une erreur. Charlemagne, ayant divisé son armée en deux corps qui devaient agir ensemble pour aller faire le siége de Sarragosse, en fit pénétrer un en Espagne par le Roussillon et se mit à la tête de l'autre, qu'il conduisit par la Navarre jusque sous les murs de la capitale des Sarrasins. Mais des divisions de ces corps d'armée, conduites par des lieutenants habiles, opéraient en même temps par les centres des Pyrénées.

C'est donc à cette circonstance seulement qu'il faut attribuer le passage des Franks dans la contrée de Foix ; et comme tout se faisait en son nom et qu'il imprimait la vigoureuse impulsion de son esprit à cette conquête, il n'est pas étonnant qu'on ait voulu attribuer à lui personnellement la délivrance que l'on devait, au contraire, à la bravoure de ses généraux.

Quoi qu'il en soit, il est incontestable qu'une division de l'armée de Charlemagne entra dans le pays de Foix et qu'elle en chassa les Sarrasins, échelonnés sans doute le long de l'Ariége. Comment expliquerait-on autrement ces tours, ces camps et ces monuments qui subsistent de nos jours et qui rappellent tous cette époque? Au sud-ouest de Foix et au-dessus de Montgausy, s'élève le château-fort de *Montmaoü*, dont le nom nous rappelle une origine arabe. Dans la vallée de Saint-Paul de Jarrat, sur un mamelon qui domine la plaine, se dresse, à l'opposite de l'ancien château de Saint-Paul, le fort de *Carolcast* (castrum Caroli), *château de Charles*. Près du village d'Amplaing, en face et au sud-ouest de *Castelpénent* (château suspendu), est debout un rocher en forme de cône auquel est resté le nom de *roc de Carol*. En face de Tarascon et au sommet de la roche de Génat, se trouve le château de *Roquemaure*, de construction sarrasine. On voit également dans le voisinage du château de Quié le roc de *Carol*, qui commande au bassin qui s'étend entre ce dernier lieu et Tarascon. Enfin, le fort de *Maoü* (Maure), qui dominait la contrée, apparaît en ruines sur une éminence au sud de la ville d'Ax.

Il faut donc supposer que, s'étant rendus maîtres de ces différentes positions disputées par les Sarrasins, les Franks poursuivirent le cours de leurs victoires, en chassant leurs ennemis à travers les trois ports de Siguer, Auzat et Puymorin jusque dans l'Andorre. Réfugiés en partie dans cette dernière vallée, et en partie dans la vallée voisine qui porte depuis cette époque le nom de vallée de *Carol*, il s'y livra un dernier combat qui abattit pour toujours la domination des arabes dans ces montagnes. La délivrance de la vallée d'Ax par l'armée franke date de ces temps où le château de *Maou*, qui commandait la contrée, tomba en ruines sous le fer de la conquête carlovingienne. Ces guerres terribles, qui jetèrent le trouble et la désolation dans la Haute-Ariége, ont laissé des traces sur la *Gunarde*, une de nos montagnes les plus élevées; car sous les touffes de gazon on rencontre, tous les jours, à moitié enfouis dans la terre, des débris rouillés de flèches et d'épées qui ont appartenu aux arabes.

A dater de l'expulsion des Sarrasins de la Gaule, le pays de Foix reçut, comme toutes les provinces limitrophes, sa nouvelle organisation politique de Charlemagne lui-même. Il établit alors dans chaque diocèse un ou plusieurs comtés ; dans chaque comté, des vigueries, vicariats ou vicomtés ; enfin, dans chaque viguerie, des ministériats et des abbayes militaires destinées à la défense de la frontière (1). C'est sous le nom de viguerie, que la contrée des *Flussates* et des *Tarasconienses* nous apparaît dans les monuments écrits du IX° siècle ; elle fût connue, depuis lors, sous la dénomination de *Sabartés*. Charlemagne créa, en outre, des vigueries neutres, ou gouvernements indépendants de l'autorité comtale. De ce nombre était la viguerie d'Andorre, dont nous ferons connaître l'origine dans le cours de cette histoire.

Pendant les premiers règnes des rois de la seconde race, y eut-il au lieu de *Sabar* une abbaye militaire ou une viguerie ?

---

(1) Fauriel, *Histoire de la Gaule méridionale*, tome III, page 367.

Sabar fut-il la métropole de l'espace qui s'étend du Pas-de-la-Barre au col de Puymorin, en se repliant vers Vic-Dessos jusqu'à l'Andorre, et du côté du Saurat jusqu'à la crête du *Col-de-Port?* Enfin, le lieu de *Sabar* a-t-il été le siége de l'autorité qui commandait à tout le haut pays de Foix? Ce sont là des questions que s'est posées M. Garrigou et qu'il a résolues affirmativement. Nous laissons à la critique le soin de se prononcer sur cette opinion entièrement neuve (1). Quant à nous, la constitution du comté de Foix nous paraît avoir été la conséquence directe de la conquête franke sur ces montagnes (2). Pays libre auparavant, il ne s'est plié sous le joug d'une administration régulière que lorsque la force centralisatrice du pouvoir des rois lui eût enlevé toute sa liberté dans le sens de sa native existence. Nous n'avons donc à étudier la contrée d'Ax que sous l'action de la puissance des comtes de Foix.

Depuis le xe siècle, l'histoire du pays se transforme dans sa nature réelle. Tandis que, d'un côté, s'ouvre cette ère nouvelle du moyen-âge pendant laquelle la contrée de Foix va s'illustrer avec ses comtes, de l'autre, les tribus des montagnes se fixent sur un sol où elles restent clouées par la main de Charlemagne, le père du régime féodal. Mais, en cédant à la force du sabre, ces tribus sont loin de vouloir répudier leur liberté. Elles font valoir, au contraire, leurs anciens titres ; elles inscrivent dans des chartes leurs droits à côté de leurs devoirs : monuments précieux qui témoignent combien ces races étaient persistantes dans leur esprit de nationalité ! Les cantons qui se montrèrent les plus jaloux de leur liberté furent précisément ceux qui occupent la Haute-Ariége. Malgré les transformations

---

(1) Garrigou, *Histoire de l'Eglise de Sabar*, pag. 41 et *seq.*
(2) *Histoire des Populations pyrénéennes*, etc., tom. I, pag. 101. — *Histoire générale du pays et du comté de Foix*, tom. I, seconde partie.

du sol, c'est en eux que revit encore le caractère original du pays.

Au commencement du règne des comtes de Foix et les siècles suivants, le haut pays de l'Ariége paraît avoir éprouvé peu de changements dans son administration intérieure. Un régime municipal, à côté de certains droits seigneuriaux établis par la conquête et légitimés par l'usage ; l'autorité comtale cherchant à s'asseoir sur un sol dont elle n'avait point encore l'entière possession, n'étant elle-même qu'une émanation de l'autorité royale ; enfin, le trouble et l'agitation, les guerres des seigneurs laïcs contre le clergé, voilà à peu près les faits qui ressortent depuis le IXᵉ jusqu'au XIIᵉ siècle.

Le pouvoir ecclésiastique se constitua dans le pays de Foix d'une manière plus régulière et étendit sa juridiction dans la Haute-Ariége avec beaucoup plus d'habileté que le pouvoir comtal lui-même. Nous voyons déjà, en effet, l'an 1104, l'érection d'une foule de prieurés dépendants de l'abbaye de Foix. Voici, au surplus, dans quelles circonstances.

L'ancien monastère de Foix, consacré d'abord à saint Nazaire, puis à saint Volusien, et fondé, à ce qu'il paraît, sous Charlemagne, avait été détruit durant les guerres qui désolèrent la contrée. « Roger Iᵉʳ, second comte de Foix, dit l'historien André de Ravenac, en mémoire des dangers auxquels il avait échappé dans la Palestine, et afin de réparer les torts graves et les envahissements que lui ou ses ancêtres avaient eu à se reprocher contre les monastères de la localité, voulut rétablir l'ancienne communauté de Saint-Volusien *et procurer une congrégation et assemblée ecclésiastique à la ville de Foix.* »

Nous voyons, en effet, qu'en l'année 1104 une assemblée fut tenue à Foix, par ordre du comte, sous la présidence de Pierre de Foix, abbé de La Grasse, et en présence du révérend père Corderan, envoyé du pape ; et dans cette assemblée, à laquelle on convoquait la plupart des curés ou recteurs des paroisses du comté, entre autres celui d'*Unac*, on choisit parmi eux les membres qui devaient composer l'abbaye, et on mit à leur place, dans leurs cures, des *prieurs* ou vicaires perpétuels. L'origine des prieurés est un fait d'autant plus remarquable pour nous qu'il sert à établir le point de départ qui commença la grande puissance de l'abbaye de Saint-Volusien ; de sorte que, comme richesse, elle absorba les biens de presque toutes les églises du Haut-Pays. Nous lisons dans une bulle du pape Honorius, de l'année 1224, bulle confirmative des biens de l'abbaye de Saint-Volusien, que le Souverain-Pontife lui accorde en entière propriété une quantité considérable d'églises, au nombre desquelles il est fait mention : « de l'église de Saint-Benoît de *Cubeleca* jusqu'à l'église de *Sainte-Quitterie* ; et de l'église de *Turri* jusqu'à celle de *Mérens* ; les églises de *Ganac* et de *Niaux* avec leurs dîmes ; enfin les églises d'*Unac*, de *Perles* et de *Savignac* avec leurs dîmes. » Ces deux dernières sont voisines de la ville d'Ax, qui, sans doute, était comprise dans la mouvance des biens appartenant à l'abbaye de Saint-Volusien.

Le pape Honorius ne se contenta point d'assurer à l'abbaye de vastes possessions et de grandes richesses ; il lui accorda, en outre, de nombreux priviléges et immunités ecclésiastiques, qui font supposer que l'autorité ecclésiastique du diocèse était presque entre les mains de l'abbé. Ainsi, il est dit dans la même bulle :

« Quant à l'ordination des clercs appelés à entrer dans les ordres sacrés, vous les recevrez de l'évêque voisin, *si toutefois cet évêque est catholique*, s'il jouit de la grâce et s'il accède sans arrière-pensée à votre demande. Dans le cas contraire, vous pouvez vous adresser, à votre choix, à un autre évêque en bonne intelligence avec le Saint-Siége. Celui-ci, fort de notre autorisation, fera ce que vous lui demanderez.

« Nous voulons, en outre, qu'il ne soit permis à personne, comte ou évêque, clerc ou laïque, d'exercer aucune exaction au préjudice de la susdite église.

« Dans notre sollicitude personnelle pour vous, et dans le but de pourvoir à votre tranquillité et sécurité, nous ordonnons, en vertu de notre pouvoir apostolique, l'inviolabilité de vos domaines et de vos biens. »

Malgré ces précautions et ces défenses, la guerre des Albigeois devait bouleverser les biens du clergé et tout remuer, hommes et choses, dans la Haute-Ariége. Mais avant d'entrer dans les détails de cette guerre, il est bon de faire connaître quelle en était la principale cause. On croit généralement que la guerre des *Albigeois* eut pour principal et unique mobile la religion. C'est là une grave erreur. Reportons nos regards vers le passé, et voyons dans quel état se trouvait la société lorsque les doctrines de Valdus pénétrèrent dans nos montagnes.

« Deux principes étaient en présence, dit M. Garrigou : d'un côté, l'autorité ou la force prétendue légale, avec ses nombreux et criants abus ; de l'autre, le droit commun, avec ses exigences, que l'ignorance du temps devait rendre passionnées et brutales (1). »

Dans cette guerre, les membres du clergé cherchèrent plutôt à défendre leurs prérogatives temporelles qu'à conserver l'unité de l'Eglise. La noblesse, les leudes, voulaient de leur côté, non-seulement conserver, mais encore augmenter leurs domaines et les assurer à leur postérité. Les feudataires, ayant acquis une autorité immense et des richesses incalcula-

---

(1) Garrigou, *Histoire de l'église du Sabar*, pag. 68.

bles, avisèrent alors à s'affranchir complètement des liens de suzeraineté et à voir avec défiance toute puissance rivale.

Devenus une fois maîtres du terrain, ils dépouillaient successivement le haut clergé, selon les circonstances et les évènements, le réduisaient ainsi à se mettre à leur disposition, jusqu'à ce qu'il perdait toute son influence morale ; et s'il cherchait à primer les autres ordres par la puissance matérielle, il se voyait dépouillé impitoyablement. C'était donc entre le feudataire laïque et le clergé une lutte continuelle qui n'avait que quelques trêves.

Quant aux serfs, au peuple de cette époque, à la bourgeoisie qui, profitant de l'absence de leurs châtelains qui s'étaient jetés dans les hasards des lointaines expéditions appelées les croisades, commençaient à s'organiser en communes, ils mirent de nouveau à profit l'hérésie des Albigeois, dont ils se servirent comme d'un prétexte pour proclamer leur émancipation civile. La haine que les uns et les autres portaient également aux possesseurs des fiefs, grands et petits, qu'ils fussent laïques ou ecclésiastiques, l'espoir d'une amélioration dans leur vie matérielle et une puissante aspiration de liberté furent les causes d'abord de leur insurrection et, plus tard, de leur résistance désespérée.

L'hérésie de Valdus, plus connue sous le nom des *Albigeois*, s'introduisit dans le pays de Foix vers le milieu du XIIe siècle, et opéra une révolution politique dont les conséquences devaient être la division et la modification de la propriété, la concession de chartes communales et le régime d'un droit féodal plus restreint et surtout mieux déterminé. Aussi, dans ce pressentiment de réformes futures, les doctrines nouvelles trouvèrent-elles de nombreux adeptes parmi les habitants de nos montagnes. La division qui existait dans l'Eglise catholique, à cause de l'élection simultanée de deux papes qui eut lieu en

1161; les prédications passionnées des apôtres de l'hérésie qui s'attaquaient aux fastes des prélats, à leur morgue, et surtout à l'abus qu'ils faisaient de leur autorité; et peut-être aussi le vieil esprit de l'indépendance celtique ou ibérienne venant à se réveiller en eux, ne contribuèrent pas peu à les porter à la révolte.

C'est, au reste, un fait assez remarquable que celui qui constate que les montagnes ont été toujours, soit le refuge des tribus opprimées, soit le réceptacle des dissidents et des hérésiarques. Ainsi, voyons-nous successivement les Priscilliens se réfugier dans les Pyrénées lorsque leur chef, évêque d'Avila (en Espagne) fut exécuté à Trèves; Elipandus et Félix, ce dernier évêque d'Urgel, propagent leurs doctrines dans les Asturies et dans nos montagnes, où le prêtre Béat se déclare leur antagoniste; Vigilance, né à Calagorris, aujourd'hui Martres, se fait de nombreux partisans, précisément dans les montagnes de l'Ariége et de la Haute-Garonne; nous voyons, enfin, les Albigeois trouver leurs plus fervents prosélytes dans la montagne *Noire* et dans les Pyrénées (1), aux mêmes endroits où les hérésiarques, leurs prédécesseurs, avaient répandu leurs doctrines. Ainsi revivait sans cesse l'instinct de l'antique nationalité.

Mais comme la réaction est toujours en rapport avec les causes qui l'ont provoquée, elle devint, cette fois, inexorable avec la guerre des Albigeois. Les disciples de Valdus, maîtres du pays, se révoltèrent d'abord contre les tendances dominatrices des établissements religieux. Dans leur premier entraînement de fureur, ils renversent le siége épiscopal du Couserans, et forcent l'évêque Navarre à prendre la fuite; ils

---

(1) *Histoire des Populations pyrénéennes*, etc., tome I, page 105.

réduisent l'abbaye de Foix à subir les usurpations du comte Raymond-Roger, qui semblait applaudir aux prédications incendiaires des nouveaux réformateurs ; ils dépouillent les monastères de Lezat, de Boulbonne et du Mas-d'Azil ; ils exercent, en un mot, dans toute la contrée une autorité absolue. Ce fut à la suite de cette première victoire que Bernard Simorre, sectaire vaudois, entreprit de joindre sa parole passionnée aux actes de ses coreligionnaires, en venant dans le pays de Foix propager ses doctrines et organiser, en quelque sorte, la révolte.

Cet état de choses dura ainsi jusqu'à ce que la croisade catholique, formée à Lyon en juin 1209, vint porter dans le pays les calamités de l'invasion. Dès ce moment, la lutte prit un caractère de férocité de part et d'autre qui ne se démentit qu'après l'anéantissement de l'hérésie. Pendant vingt ans, nos montagnes, théâtre de victoires et de revers sans nombre, furent tantôt sous la dépendance de leurs anciens maîtres, et tantôt sous celle de l'étranger.

Nous n'entrerons point dans tous les détails de ce drame horrible qui avait pour dénouement la guerre civile. Qu'il nous suffise de dire seulement qu'excité par l'évêque Foulques, le chef de la croisade, Simon de Montfort vint attaquer Raymond-Roger jusqu'au centre de ses Etats. Vers la fin de juin 1211, il traverse la Garonne à Auterive et de là s'empare de toutes les places qui sont sur la route jusqu'après le Pas-de-la-Barre, brûlant les bourgs et les villages, rasant les places fortes et détruisant les moissons. Le bourg de Foix lui-même ne put résister à son attaque ; il le prend d'assaut, et y met le feu sous les yeux de la garnison qui s'était retirée dans l'imprenable château qui domine la bourgade.

Le haut pays de Foix montra plus de résistance, et, soit la crainte d'être repoussé, soit tout autre motif, Simon de

Montfort ne s'aventura point, cette fois, dans les gorges de nos montagnes. Ce ne fut que l'année suivante qu'il revint dans le pays pour assiéger le château de Montségur, qu'il prit et rasa complètement : Montségur, qui, trente ans plus tard, devait être le dernier refuge des Albigeois. Le château de Montgrenier (Montgaillard) eut le même sort ; et tandis que Raymond-Roger, uni aux comtes de Toulouse et de Comminges et au roi d'Aragon, conduisait ses troupes qu'il avait levées sur ses terres, dans la plaine de Muret où se décida la victoire des croisés, ceux-ci régnaient en vainqueurs sur toutes les peuplades des Pyrénées et jusque dans nos vallées, dépourvues de défenseurs.

Là s'arrête le premier épisode de cette guerre dont la conséquence fut de dépouiller Raymond-Roger, comte de Foix, de son domaine et de ses Etats. Mais comme le chef de la croisade ne prétendait à rien moins qu'à en avoir l'investiture, le pape Innocent III, qui entrevoyait l'ambition de Montfort dans tous les faits d'armes qu'il entreprenait sous le prétexte de la religion, ordonna qu'en attendant que la question du pays de Foix fût décidée par un concile, le château de Foix fût remis aux mains de l'Eglise.

Comme cette décision n'entrait point dans les vues usurpatrices du chef des croisés, celui-ci, sans attendre qu'il fût prononcé en dernier ressort, se jette de nouveau dans le pays de Foix afin de se rendre maître de son château et y établir sa souveraineté. Roger-Bernard, qui n'était pas d'avis de s'en laisser dépouiller, se fortifie de nouveau dans le manoir de Montgrenier, et surveille les marches de son hardi adversaire qui, malgré la vigilance du comte de Foix, parcourt toutes les vallées voisines et les ravage complètement. Cette guerre de destruction aurait continué encore à faire des ruines dans tout le pays qui, tantôt au pouvoir des sectaires et tantôt au pouvoir des croisés, n'avait en perspective que le sang, la désolation et le carnage, lorsque la mort du roi Philippe-Auguste, du vieux comte de Toulouse et de Raymond-Roger mit un terme à toutes ces luttes impies, au moins pour quelques années. C'est aussi de cette époque que date la bulle du pape Honorius dont nous avons parlé, et qui avait pour objet la confirmation des biens de l'abbaye de Saint-Volusien.

On comprend maintenant que le but principal de cette bulle était de rétablir l'ordre et la discipline dans l'administration des églises du haut pays de Foix qui avaient horriblement souffert de toutes ces querelles religieuses qui se vidaient les armes à la main. Nous présumons que pendant ces guerres continuelles le bourg d'Ax, dont il n'est point parlé dans la bulle précitée, avait été brûlé par les croisés, attendu qu'il est fait mention du lieu de Mérens.

La contrée de Foix étant pacifiée l'année 1225, à dater de cette époque jusqu'en l'année 1556 où la réforme de Luther vint se substituer aux guerres des Albigeois, c'est-à-dire pendant le cours de plus de trois siècles, elle mit à profit ce temps de calme et de paix pour se relever des ruines du passé. D'un côté, la féodalité n'élève point si haut ses anciennes prétentions ; elle se met à la portée des évènements, accorde des priviléges, octroie des chartes, en un mot, elle se popularise en présence de la royauté qui grandissait à ses dépens, et qui la menaçait déjà dans un avenir peu lointain. De l'autre côté, les villes et les villages demandent et obtiennent des libertés, la bourgeoisie s'organise, et les seigneurs signent des actes d'affranchissement aux anciens serfs devenus des *manants*, c'est-à-dire quelque chose de plus qui comptait sur les registres de la vie civile. Ainsi le progrès était incontestable.

C'est, au surplus, à la suite de la croisade de Simon de Montfort que les habitants des vallées de l'Ariége imposèrent des conditions d'indépendance et de liberté aux suzerains qui prétendaient les avoir sous leur absolue domination. En cela ils étaient encouragés par l'autorité royale, qui voulait abattre la puissance déjà si grande et si fière des hauts feudataires. Les franchises et les libertés qu'ils octroyèrent à leurs sujets furent une conséquence immédiate de la politique des rois et un bonheur inespéré pour nos populations. Les vallées de Rabat, de Vic-Dessos, de Saurat et d'Ax profitèrent de ces concessions.

Nous citerons également, dans le Couserans, les vallées de Massat, d'Oust, d'Ustou, d'Ercé et d'Aulus, qui traitèrent de leurs franchises dans une charte qui s'exprime en ces termes :

Coutumes du lieu d'Ercé.

« Sequen se las franquezas, libertats qué moussour lou viscontè de Couserans deu jurar et promet au loc d'Ercé et habitans comme en fait les autres seignours passats en la forme que sen siec.

« Prumeroment, que loudit seignour viscontè nou deu préné ne fé préné forciament degun habitant en loudit loc per qualcun crime que ajo coumés, sens couneschense dels seignours bailes y consouls de la valée d'Ercé.

« Item que loudit seignour nou deu mété ni fé mété sobré deguna personne qué sigué en loudit loc la ma jrada sens couneichensa dels seignours bailes y consouls.

« Item que loudit seignour nou deu préné forciament deguna cosa a degun habitant deldit loc, sion bocious, bacques, moutous, crabots, gabrics, ne autres cauzes de degune coundition que sian sens pagar ou boulé.

« Item que loudit seignour nou deu mandar degun habitant deldit loc per anar fora païs ni tirar garnisou foura la viscontat de Couserans, sinon que fous la oun sa personne propria deldit seignour anira.

« Item quo loudit seignour nou deu empachar a degun habitant dó maridar sa fillo la oun loudit habitant bouilhó, sia dedins la viscontat, sia fora pais.

« Item quo si algun habitant sabia a mudar fora la vile d'Ercó per ana estar fora pais ou dedins la viscontat, loudit seignour viscontó nou deu empachar soun ben per fer à sas volontats, sinon que fous per crime quo agues coumés aquel que so moudaria, que sous bes deuguessan este encourruts audit seignour viscontó.

« Item que loudit seignour viscontó non poch no deu empachar auxdits habitans, mais à lours volontats aiguos, pastencs, forets, per pesca, per cassa, en quino coundition que lo boulguen empachar, taillar, trinquar ou autres cauzes quo auxdits habitans fousséré necessarias fora las debezes del seignour.

« Item que loudit seignour viscontó nou deu empachar aucuno montagno per sous bestias de quino coundition que sian, sinon enpero que loudit seignour pouesco fó peichó al temps que lousdits habitans faran peichó si fó al bol, sinon que lasdites montaignes ou pastencs foussan vacantes ou proprias deldit seignour.

« Item que loudit seignour nou deu meté ni fó meté degun bestia estrangé en ladito vile d'Ercó ni en sas prétentions, senso lo bouler et consentiment desdits consouls.

« Item que loudit seignour nou deu ni pouesca mandar degun habitant fó sous oubrages, ni fer son messager sinon en ben pagar, et au boulé daquel qué y anira ou à la couneschenso desdits consouls.

« Item que loudit seignour nou pouesca demandar degous talous ni autres laus autres qué ses rentes auxdits habitans, sinon que siegué au boulé ou sentiment delsdits seignours consouls. Item que ledit seignour promet de ténir et servar toutes nostras cartes, franquises et libertats que se trouvaran per escriut, comme toutis les autris seignours passats en counfirmat. »

Parmi les communautés du pays qui résistèrent avec le plus d'opiniâtreté aux envahissements de l'autorité seigneuriale, il faut citer encore celles d'Ax et de Seix. Elles prétendaient, toutes les deux, tenir leurs priviléges de Charlemagne, à condition de garder le passage des ports. Voici un extrait du titre qui contient les libertés octroyées aux habitants de Seix par Philippe-le-Hardi, et qui étaient communes aux principales villes-frontières du pays de Foix :

« S'ensuivent les libertés..... que le roy Philipe, et les seignours Raymond-Bernard et Roger de Ballaguier, et les sieurs Pierre Fort de Thorignan, et Ramond de Thorignan, sieurs du lieu d'Asseyx, au visconté de Cosserans, étant à Tholose dedans le chasteau Narbonnez... obtroyent et confirment aux habitans dudit lieu d'Asseyx... lesquelles jusrent lesdits seigneurs sçavoir est, ledit seigneur Roy sur le serment, et les autres seigneurs sur les quatre saincts Évangiles... de tenyr, observer et ne contaminer en aulcune manière ;...... et, outre ces choses, confirment lesdits seigneurs, les usages et libertés par le feu roy Charlemane obtroyés audit lieu d'Asseyx, assis à la frontière du royaume d'Aragon...

« Chacun habitant sera en franchise et seureté en son hostel ou corty (cour)......

« Quatre consuls connoystront de toutes causes, tant civiles que criminelles, lesquols, l'année finie, esliront quatre autres, lesquels jureront en présence des seigneurs et de leur juge, ou procureur, de bien exercer leur estat.

« Les seigneurs ne doyvent mettre aulcune cour en ladite ville autre que celle desdits consuls.

« Les consuls pourront contraindre les particuliers à vaquer au faict de la chose publique, par prinse et arrestation de leurs corps et biens.

« Les seigneurs ne peuvent contraindre aulcun habitant à faire rien, sy ce n'est de son consentement.

« Les seigneurs ne peuvent prendre au corps aucun habitant sans décret des consuls.

« Le seigneur ne contremandera aux délibérations et ordonnances du conseil de ladite ville. Au cas où aura faict le contraire, ce qui aura esté faict par luy demeurera sans aulcun effet ny valeur.

« Si aulcun prend querelle à autre et se saisit d'aulcun baston non ferré pour frapper, sera condamné en un soul, et si ledit baston ferré blaisse aulcun jusqu'à l'effusion du sang, iceluy qui aura blaissé payera aux seigneurs six livres, et à la partie offensée à la connoyssance des consuls.

« Si aulcun homme ou femme appelle en débat et querelle une autre femme putan et ne le peult prouver, iceluy qui aura profert telles paroles sera condamné en cinq souls tournoy envers les seigneurs et en amende envers la partie civile.....

« Qui prendra à force femme puscelle sera condamné à avoir le fouet par la ville et en aultre amende à la rigueur du droict; toutefois s'il la peult marier, la peine du fouet luy sera remise et aussi est advisé par les consuls.

« Qui forcera autre femme sera condamné à avoir le fouet qui est dit dessus, et payera quatre livres dix souls ou sera puni selon le droict au corps à la discrétion de la court, etc.

« Les habitans auront la jouyssance des forests vacans et montaignes, comme en ont joui de toute ancienneté.

« Cecy a été faict en présence de Ougier (Auger), evesque de Couserans; Rougier de Montagut, escuyer; Ramond d'Anguibat, Jehan Roux, capitouls de Tholose... et de moy Brunet de Petou de Castillion qui advenu audit lieu de volonté desdits seigneurs et consuls ay escriptos lesdites libertés, etc. »

Ces franchises, comme l'on voit, étaient donc sérieuses. Mais ce que nos montagnards réclamèrent surtout, dans le cours des siècles suivants, ce fut l'autorisation d'être armés, et cela sous différents prétextes : tantôt parce qu'ils avaient à défendre leur pays contre les loups et autres bêtes féroces, tantôt contre les Espagnols. Ce qui ne les empêchait point d'être en relations de commerce et de vivre en bonne intelligence avec les habitants des vallées voisines de l'Espagne. Nous verrons, dans la suite, que la ville d'Ax jouissait du privilége d'être armée, et qu'elle avait même des canons à sa disposition. Ce qui nous fait supposer qu'elle était fortifiée.

La guerre des Albigeois a eu donc cela d'avantageux qu'elle a été la cause occasionnelle de l'émancipation et de l'affranchissement du peuple qui gémissait sous le joug de la grande féodalité.

Mais comme l'idée ne meurt point, parce qu'elle ne saurait périr, la réforme du XIII° siècle, celle qui se produisait avec les Vaudois, les Albigeois, en un mot, avec tous ceux qui ne voulaient ni de l'oppression féodale, ni de la servitude, soit qu'elles vinssent des seigneurs laïques, des membres du clergé ou d'ailleurs ; la réforme, disons-nous, du temps de Simon de Montfort reparut dans le pays de Foix en 1556 ; mais elle était, cette fois, humble et modeste, prêchant l'abnégation, l'obéissance et même le désintéressement. Elle consistait à saper les fondements du catholicisme par la base même sur laquelle il repose, c'est-à-dire en attaquant directement l'autorité du pape. Et comme cette nouvelle doctrine, qui s'attaquait et à la discipline de l'Église et à la considération même du clergé, était propagée par des hommes de science, des professeurs et des jurisconsultes dont la parole avait une grande autorité, elle fit des progrès immenses. Le croira-t-on? le pays de Foix fut un des premiers à embrasser les erreurs de Luther que ses disciples avaient à peine commencé à répandre en 1528. Arrêtons ici notre récit, et voyons d'abord quel était, à cette époque, l'état de la France en général et de la contrée en particulier.

Dès le moment de l'apparition des nouvelles doctrines, l'autorité civile, d'accord avec le clergé, avait pris les moyens d'en arrêter le progrès. Mais, soit que les rigueurs de la répression eussent exaspéré les populations qui, cette fois encore, étaient, comme sous la période albigeoise, victimes de l'oppression seigneuriale; soit que le sentiment d'indépendance religieuse prêché par les sectaires réveillât en elles une résistance d'autant plus opiniâtre que les moyens employés par la royauté et le clergé, tels que l'Inquisition et autres, pour les comprimer fussent désapprouvés plus hautement, il est évident que les masses se trouvèrent tout-à-coup portées et prêtes à la révolte. Dix ans de prédications avaient suffi pour bouleverser le royaume, à tel point que la royauté elle-même se vit contrainte de traiter en quelque sorte d'égal à égal avec les réformés. L'édit de 1558 en est, au reste, une preuve incontestable. Accepter le principe et condamner les voies de fait, tel était l'esprit qui avait dicté cet acte public de la royauté. Pourquoi cela? c'est que la question religieuse était devenue question politique, et qu'il s'agissait cette fois d'une lutte terrible dont les rois et le clergé devaient faire les frais au profit du peuple.

Aussi qu'arrive-t-il? c'est que pendant que les querelles religieuses s'enveniment de toutes parts; que les princes de sang se mettent à la tête, les uns, des huguenots, les autres, des catholiques; que les fléaux du ciel, la peste et la famine, viennent joindre leurs horreurs à celles du fanatisme, les sectateurs de Calvin, sous le nom de *Sacramentaires*, poussent le dernier cri de l'appel aux armes. Aussitôt commencent toutes les fureurs de la guerre civile.

Le royaume de France bouleversé par la réforme, le pays de Foix le fut, à son tour, par les *Sacramentaires*, et il le fut avec d'autant plus de facilité que, se trouvant sous le vasselage de la cour de Navarre qui favorisait ces derniers, il se voyait en quelque sorte encouragé à la révolte par ses propres souverains. La conjuration d'Amboise, bien qu'étouffée, mit les armes à la main des religionnaires, et ils débutèrent par des dévastations particulières et par des courses sans résultat décisif. Mais, en 1561, le signal est donné, et dès ce moment, de Nîmes jusqu'à Agen, les partis s'entre-choquent et se ruent les uns sur les autres. A Pamiers et dans le pays de Foix, la lutte devint horrible.

« A Pamiers, disent les Bénédictins, les religionnaires y
« levèrent le masque dès le mois d'août 1561, et pervertirent
« dans moins de trois mois presque tout le comté de Foix.
« Ceux de Foix pillèrent le couvent des Jacobins le 20 octo-
« bre, en dépouillèrent entièrement l'église, et il y eut un
« religieux de tué. Ils pillèrent, le 28 décembre, l'église de
« Saint-Volusien dont les chanoines réguliers furent obligés de
« prendre la fuite, et qu'ils convertirent en temple. Ils mirent
« ensuite au pillage l'église de Notre-Dame-de-Montgausy,
« située à sept ou huit cents pas de la ville, et qui était un
« lieu célèbre de dévotion. Les religieux de l'abbaye du Mas-
« d'Azil furent obligés de prendre la fuite et d'abandonner
« leur monastère (1). »

Les églises du haut pays eurent la plupart le même sort :

---

(1) Bénéd. *Histoire gén. du Languedoc*, édit. Paya, t. VIII, p. 356.

telles furent celles de Saint-Antoine-de-Carolcast et de Saint-Pierre-d'Alat. On jugera, au reste, de la puissance des religionnaires et de leur nombre dans le pays par ce seul fait : Conformément aux prescriptions du synode de Sainte-Foy, en Agenais, est-il dit dans une de leurs délibérations, qui nous autorisent à prendre un édifice pour notre prêcho là où il y en a deux consacrés au culte catholique, nous prenons dans la ville de Tarascon l'église de Notre-Dame-de-la-Daurade, laissant aux papistes celle de Saint-Michel (1). Il est donc démontré, par cette citation, que le haut pays de Foix comptait encore des catholiques.

Mais ce serait une étrange erreur que de penser qu'ils étaient en très grand nombre, surtout si l'on en jugeait par les lignes suivantes, écrites par Lafaille. Pendant que la ville de Toulouse éprouvait, en mai 1562, toutes les horreurs de la guerre civile, et que pendant huit jours les huguenots étaient aux prises avec les catholiques, nous apprenons que, dès que dans le pays de Foix on eut connaissance des premiers évènements de cette lutte, tous les habitants du Haut-Sabartés, au nombre de quatre mille, avaient pris les armes, et, marchant sous le panonceau et sous les ordres du baron de Saint-Paul de Jarrat, étaient accourus jusqu'aux portes de Toulouse, pour y prendre la défense des catholiques, commandés par Montluc. Nous savons aussi que ce dernier fit fermer les portes de la ville à ces montagnards dont il redoutait l'indiscipline et la propension au pillage (2).

On a conclu de ce fait rapporté par Lafaille que le haut pays de Foix devait renfermer un grand nombre de catholiques,

---

(1) Voir notre *Histoire du pays et du comté de Foix*, t. II, p. 307.
(2) Lafaille, *Annales de Toulouse*, année 1562.

puisque Saint-Paul avait pu y recruter une troupe de 4,000 soldats. Notre opinion est, au contraire, que tous ceux qui suivirent ce chef catholique jusqu'à Toulouse étaient loin d'être *papistes*, comme les religionnaires les appelaient alors, et la preuve en est le refus même de Montluc de recevoir dans la ville ces *montagnards indisciplinés et portés au pillage*. Qu'étaient-ils donc? des gens aventureux aux ordres d'un général qui leur avait promis peut-être plus de butin que de gloire, et qui se souciaient fort peu à qui profiteraient leurs services, aux papistes ou aux huguenots, pourvu qu'ils y trouvassent en définitive leur intérêt. Une preuve incontestable que ces *quatre mille* soldats recrutés dans le Sabartés étaient loin d'appartenir à une population plutôt catholique que réformiste, c'est que, juste l'année suivante 1563, tout le haut pays sans distinction se souleva en masse contre Damville fils et successeur de Montmorency dans le gouvernement du Languedoc, en apprenant les horreurs qu'il avait commises dans la même ville de Toulouse, ayant abandonné femmes et filles à la fureur du soldat.

A dater de ce moment, les vallées de la Haute-Ariége devinrent l'asile de tous les protestants poursuivis dans le bas pays pour cause d'hérésie. Il était d'autant plus facile à ceux-ci de se mettre à l'abri des persécutions que tout le comté de Foix obéissait à la reine de Navarre, hérétique elle-même, et qui y avait établi le vicomte de Rabat pour gouverneur. Nous trouvons, en effet, qu'à la suite de l'édit de pacification du 7 mars 1563, les huguenots de Pamiers étant persécutés dans l'exercice de leur culte, ceux d'entre eux qui se soulevèrent contre les mesures vexatoires de l'évêque Robert de Pellevé, s'étant soustraits à leur tour aux menaces de Joyeuse, se retirèrent dans le comté de Foix, et n'étant resté que quelques pauvres gens dans la ville, on ne put se saisir des coupables.

Ceux-ci, au nombre desquels était Tachard, un des ministres protestants des plus zélés, trouvèrent un asile dans la haute montagne et un appui dans Fantillon, seigneur de Gudannes, gagné aux nouvelles doctrines et conseiller intime de la reine de Navarre, qui les accueillit dans ses domaines (1).

« Les uns, dit le prêtre Lascases, gagnèrent le Mas-d'Azil, les autres le Carla, et d'autres se retirèrent vers les Cabannes et Urs, comme pour insulter la ville d'Ax et les frontières du pays (2). » Ainsi, d'après cet auteur, il paraîtrait que la ville d'Ax, qui, sans doute, se trouvait être ou fortifiée ou bien défendue, n'était pas alors au pouvoir des religionnaires ou que ceux-ci n'y avaient point des intelligences.

Cependant, en présence des démarches que Tachard et ses complices faisaient pour gagner tout le haut pays à la cause de la réforme, le duc de Joyeuse, gouverneur de la province du Languedoc, donna commission au seigneur de Castelnau de Durban de lever des troupes, « lequel, dit l'auteur précité, les « fit marcher secrètement, le 25 mai 1567, pour aller fondre « tout-à-coup sur les lieux des Cabannes, Urs et autres villa- « ges du voisinage, une heure avant le jour. Les rebelles, qui « furent trouvés endormis tranquillement, passèrent au fil de « l'épée (3). »

Ces attaques incessantes que se faisaient mutuellement les deux partis prouvent une chose, c'est que les religionnaires étaient déjà très nombreux dans le pays de Foix, puisqu'ils le

---

(1) Voir notre *Histoire générale du pays et du comté de Foix*, t. II, page 325.

(2) Lascases, *Mémorial historique des événements du pays de Foix de 1490 à 1640*, p. 217.

(3) Lascases, *Mémorial historique des événements du pays de Foix de 1490 à 1640*; page 217.

disputaient avec les catholiques au point que ceux-ci étaient obligés le plus souvent à appeler à leur secours les troupes du roi de France. Mais lorsque les princes de sang se furent divisés entre eux au point que les uns prirent le parti de la réforme et les autres celui de l'autorité, alors la guerre civile s'organisa dans les provinces d'une manière régulière.

Alors aussi parut dans la contrée de Foix le célèbre Claude de Levis, sieur d'Audou, jeune seigneur huguenot, issu de la maison de Mirepoix. « Dès qu'il apprit le mécontentement
« des princes, dit Lascases, auteur contemporain des évène-
« ments, il leva des troupes qu'il fut leur offrir en personne.
« Mais, avant son départ, il voulut commencer la campagne
« par un exploit digne de la sainteté de la réforme : ce fut
« de mettre le feu à la maison de Boulbonne, maison magni-
« fique qui avait coûté des sommes immenses. Par repré-
« sailles, les catholiques se saisirent de la ville de Mazères,
« où ils firent un grand massacre d'huguenots. »

Le 27 septembre 1568, d'Audou, joint au capitaine Plagne, à Fantillon et autres religionnaires qui s'étaient cachés dans la ville de Tarascon, se rend maître du château de la ville, et fait périr d'une manière tragique le recteur d'Ornolac qui était en prières dans l'église paroissiale de Notre-Dame-de-la-Daurade de Tarascon. Après cet acte de cruauté, ayant recruté une foule de gens du pays et dont la plupart étaient pris parmi les habitants de Montgaillard, le sieur d'Audou se rendit dans la vallée de Vic-Dessos, semant la terreur sur son passage. Mais poursuivi, à son tour, par une troupe innombrable d'hommes armés qui descendaient des montagnes, il se jeta dans le village de Siguer, d'où il fut forcé de déloger après avoir perdu beaucoup des siens. C'est à la suite de cette expédition, et après huit mois d'escarmouches que les deux partis se faisaient entre eux, que le capitaine Traversier, sieur

de Montgascon, ayant réuni secrètement tous ses amis catholiques de la vallée de Vic-Dessos, de Siguer, de Miglos et d'autres lieux circonvoisins, se rendit maître, le 9 juin 1569, du château et de la ville de Tarascon, tombés l'année précédente au pouvoir des religionnaires, et cela après avoir égorgé la garnison avec Plagne, son gouverneur. « Ils se saisirent de la
« ville, ajoute Lascases, où ils firent un grand carnage d'hu-
« guenots, dont ils réservèrent soixante-six pour les précipiter
« du haut du rocher dans le gouffre, en expiation et repré-
« sailles de la cruauté exercée contre le sieur Baron, curé
« d'Ornolac. »

Comme on voit, la prise de chaque place était de part et d'autre marquée par d'atroces réactions. On se surveillait de chaque côté, décidé qu'on était à en venir aux mains dès le premier signal donné : les catholiques, sous le commandement du sieur de Bellegarde, et les religionnaires, ayant à leur tête d'Audou de Léran qui gardait le haut pays de Foix, le menaçant tous les jours d'une nouvelle invasion. Les choses restèrent dans cet état pendant environ trois ou quatre ans, c'est-à-dire pendant les années qui précédèrent la famine et la peste qui sévirent avec tant de rigueur en 1571, et qui furent suivies par l'édit de pacification de l'année 1572.

Mais l'horrible exécution de la Saint-Barthélemy vint raviver toutes les passions. Les protestants désertèrent aussitôt les villes et se répandirent dans les campagnes, suivis des malfaiteurs et des mécontents de toute sorte qui se trouvaient dans la contrée. Partagés en différentes troupes, ils surveillaient les chemins d'Ax et de Vic-Dessos, guettaient de nuit les marchands attardés, rendaient le commerce impossible et semaient partout la désolation et la terreur. Depuis ce moment, « l'on
« ne vit en tous lieux, dit Lascases, que perfidies, meurtres,
« saccagement et surprise de villes, particulièrement dans le

« pays de Foix. » Ceci se passait dans la contrée depuis l'année 1573 jusqu'en décembre 1582, en un mot, pendant l'espace de neuf longues années qui furent remplies par toutes les horreurs de la guerre civile la plus acharnée.

Ce ne fut que vers l'année 1584 que le sieur d'Audou, nommé sénéchal et lieutenant-général d'Henri IV, comte de Foix, chercha enfin à rétablir l'union parmi les deux partis, après avoir lui-même contribué si puissamment à les diviser. Mais comme cette union avait pour base, selon lui, le maintien des religionnaires aux dépens des catholiques, qui, d'après les termes du rapport qu'il adressa au roi de Navarre, « deman« daient l'exercice de leur religion, mais qu'il fallait tenir en « quelque longueur, » il arriva que la guerre n'était qu'assoupie. Tout le pays de Foix se trouvait de la sorte sous la dépendance du sieur d'Audou qui, outre les garnisons qu'il avait établies à Foix, à Pamiers, à Mazères, au Mas-d'Azil, au Carla, aux Bordes et à Sabarat, avait encore l'importante ville de Tarascon ; et cela, disait-il, « tant pour le regard de l'Espagnol « que pour tenir en obéissance les vallées de Siguer, Vic« Dessos et Saurat, et même pour mettre l'imposition sur les « mines, chose qui ne se fera sans grande difficulté..... »

Pendant que les religionnaires étaient ainsi maîtres du pays, nous voyons qu'en 1590 la ville d'Ax servait de refuge aux membres dispersés du chapitre de Foix, qui, par ordre de M. Duperron, évêque de Pamiers, y célébraient les offices de l'Église : ce qui nous porte à croire que cette cité n'était pas tombée encore au pouvoir des protestants. Nous voyons néanmoins que le samedi 13 juin 1615, la ville d'Ax fut entièrement consumée par un incendie. L'embrasement était si violent, dit Lascases, qu'il fut impossible d'en arrêter le progrès. Cet incendie ne fut point le fait de la guerre, mais bien celui d'une imprudence.

Le pays, qui avait commencé à jouir de la paix depuis l'année 1598, après en avoir été privé pendant quarante années de luttes meurtrières, recommença encore à être troublé par les religionnaires vers l'année 1620. Cette seconde levée de boucliers n'est qu'une répétition de la première guerre dont nous avons fait connaître sommairement quelques détails. Cette fois encore le pays fut à feu et à sang. Nous lisons, en effet, qu'à la date du 6 juillet 1621, le château de Garrabet, appartenant au sieur du Falga, étant devenu la principale place d'armes des rebelles du haut pays, le sieur de Celles, chef des catholiques, l'attaqua du côté de la rivière, après avoir fait venir de la ville d'Ax, qui se relevait de ses ruines, deux pièces de canon pour le battre en brèche. Comme ville-frontière et peut-être aussi comme cité dévouée à la cause des catholiques, Ax était pourvue de munitions de guerre. Il se forma alors un conseil politique qui dirigea le mouvement de la résistance des catholiques du haut pays contre les religionnaires. Dans cette circonstance, les catholiques ne ménagèrent pas plus les intérêts du pays ennemi que ne l'avaient fait les protestants. Sous prétexte de religion, le comte de Caramain, nommé gouverneur, agit en véritable despote.

Ainsi, il impose des droits excessifs sur les marchandises de première nécessité ; il visite lui-même, l'année 1621, tout le haut pays, et lui fait supporter des taxes onéreuses ; il réclame successivement, pour les frais de réparation des châteaux démolis, des impôts arbitraires que les villes ne peuvent point payer ; il ordonne aux consuls de Tarascon de lui envoyer les deux canons que la ville d'Ax leur a prêtés, et qu'on gardait au Mazelviel, et aussitôt la compagnie bourgeoise les traîne à sa suite ; il ordonne partout des levées de gens de guerre ; il fait assembler toutes les compagnies de la montagne et les force de se charger de provisions de toute sorte ; en un mot, le comte de Caramain ne cesse de demander des hommes, du blé et de l'argent, que les consuls des villes n'osent point refuser. Cette nouvelle oppression devint à la longue plus odieuse que celle des huguenots.

Il était temps que toutes ces vexations eussent une fin, car les habitants étaient réduits à la dernière misère, à force de fournir au comte de Caramain des subsides, des impôts forcés et des hommes pour la milice. Elles cessèrent, l'année 1628, par la reddition complète de quelques forts situés vers le Carla et Camarade, dernier asile des religionnaires. Que de sang versé inutilement ! La main de Richelieu se décélait dans cette œuvre de pacification dont la révocation de l'édit de Nantes avait été le terrible prélude.

Quoi qu'il en soit, les troubles apaisés, le pays se ressentit longtemps des malheureux effets de la guerre civile ; et comme s'il eût été destiné à éprouver tous les maux à la fois, la peste apparut à son tour avec toutes ses horreurs. D'Auterive et des bords de la Lèze où il sévissait, ce fléau remonta jusques aux environs de la ville de Foix, où il parut s'être naturalisé. Il s'étendit plus tard dans le haut pays avec une effrayante rapidité. Le 25 juin 1631, un voyageur d'une maison de commerce de Toulouse, de passage à Ax, meurt dans cette ville ayant tous les symptômes de la peste ; dès ce moment, des précautions inouies sont prises dans les villes et jusque dans les moindres villages : les consuls de Tarascon interdisent l'entrée de la cité à tout étranger, et décident que les habitants alors absents seront tenus de faire quarantaine hors des remparts ; les marchés et les foires sont suspendus, tant l'épidémie effraie les populations ; des villages entiers disparaissent, étant abandonnés par leurs habitants et livrés à la destruction.

A cette époque aussi nous voyons le bain des *ladres* ou *lépreux* de la ville d'Ax fréquenté par des malades. Une ordonnance d'Henri IV veut qu'il soit affecté un bassin pour les gens pauvres et malingres que les consuls entretiendront aux frais de la ville.

Depuis l'édit de pacification de 1628, l'autorité royale, en centralisant toutes les forces du gouvernement par une politique puissante et adroite, prévient les malheurs de la guerre civile. Mais en se substituant à la place de la féodalité expirante sous les coups de Richelieu, la royauté n'en devint pas moins lourde à supporter pour le pauvre peuple. Le pays de Foix lui-même, depuis qu'il fut réuni à la couronne de France, ressentit combien était pesant le joug nouveau qu'il portait. Les souvenirs de l'ancienne liberté de leurs pères vint seulement quelquefois réveiller de leur assoupissement les habitants du haut pays des montagnes, qui se levèrent plus tard, comme un seul homme, à l'heure où sonna la révolution de 89.

CHAPITRE III.

Aperçu général sur les eaux minérales. — Origine des eaux d'Ax. — Situation de la ville. — Trois établissements : le Couloubret, du Breil et le Teich. — Leurs sources. — Leur température. — Analyses diverses. — Observations chimiques. — Propriétés médicales des eaux d'Ax. — Conseils aux baigneurs.

APERÇU SUR LES EAUX MINÉRALES.

Les eaux minérales répandues sur toute la surface du globe ont offert toujours à l'homme un puissant remède à ses maux. Dans tous les temps, elles ont été généralement reconnues telles. Leur découverte fut due au hasard, et c'est à la tradition que nous devons la connaissance de leur efficacité.

Les Grecs, dont la science en médecine a devancé toutes les autres nations, honoraient les sources d'eaux chaudes comme un bienfait de la divinité ; ils les dédiaient à Hercule, le dieu de la *Force*. Ils s'en servaient en boisson, en bains et comme remèdes. Strabon décrit une source miraculeuse à laquelle il attribue la propriété de diviser la pierre dans la vessie, et d'en évacuer les graviers. Archigènes conseille les eaux minérales en boisson dans les maladies de vessie. Plusieurs médecins grecs employaient encore ce remède contre l'éléphantiasis, la colique, les paralysies et les affections nerveuses. Gallien lui-même fait l'éloge d'une eau bitumineuse dont se servaient ceux qui étaient atteints de la gravelle (1).

Les Romains regardaient les eaux minérales comme étant

---

(1) Hippocrate, *De aere, locis et aquis*, lib. III, cap. 2. — Pline, lib. III, cap. 2. — Aëtius, lib. II, cap. 30. — Gallien, *De facultate simpl.*, lib. X.

un remède souverain ; ils faisaient un usage habituel de celles d'Italie. Horace a chanté les bains de Clusinum, aujourd'hui Saint-Casciano ; Vitruve reconnaît que les eaux nitreuses sont purgatives. Suivant Senèque, certaines eaux sont bonnes pour les yeux, les autres ont la vertu de guérir les maladies invétérées et *même désespérées*. « Certaines, dit-il, conviennent « aux ulcères ; d'autres, prises en boisson, sont utiles aux « poumons et aux ulcères ; il en est qui arrêtent les hémor- « ragies, et les vertus de toutes sont aussi variées que leur « saveur. » Pline, dans son histoire naturelle, traité des différentes eaux minérales. L'eau sulfureuse, dit-il, est très bonne pour les nerfs ; l'alumineuse convient aux paralytiques ; celle de mer enlève les tumeurs, surtout les *parotides* (1). Oribase, qui vivait sous l'empereur Julien, donne d'excellents préceptes sur les eaux ferrugineuses, qu'il conseille dans les affections de l'estomac et du foie, et il reconnaît de salutaires effets à celles qui sont spiritueuses (acidulées) dans les maladies des sens. Aëtius, né en 455 de l'ère chrétienne, accorde de grandes vertus aux eaux minérales ; il prescrit surtout les eaux alumineuses, sulfureuses contre les maladies nerveuses et rhumatismales, et principalement contre la lèpre, la gale, les dartres et autres maladies du même genre.

Aussi, partout où les Romains portaient leurs armes triomphantes, y cherchaient-ils des eaux minérales ; mais ils s'arrêtaient de préférence aux eaux chaudes, parce qu'ils avaient remarqué sans doute qu'elles étaient propres à guérir les blessures. Il ne faut donc point s'étonner que les sources des Pyrénées fussent autant de lieux recherchés par les vainqueurs

---

(1) Horace, epist. XV, lib. I. — Vitruve, lib. VII. — Seneca philosoph., lib. III, cap. I.

du monde qui venaient s'y délasser des fatigues de la conquête, y rétablir leur santé et goûter les plaisirs de la Gaule. En reconnaissance des bienfaits qu'ils avaient éprouvés de l'usage de ces sources, ils les décoraient de plusieurs monuments, et plaçaient chaque fontaine sous la protection de quelque divinité tutélaire.

Mais la chute de l'empire romain entraîna la ruine de ces édifices précieux. Les Franks, loin de les conserver, les négligèrent, en affectant même de les laisser périr. Dès lors les sources minérales furent délaissées ; « les chrétiens, dit Bordeu, « s'occupant peu de la propreté et de la santé du corps, ils « ne s'occupaient que de celle de l'âme. »

Vers le xe siècle, les Arabes qui s'occupaient plus particulièrement de médecine vinrent donner un certain crédit aux sources minérales, et ils les recommandaient dans les obstructions et dans plusieurs autres maladies internes. Charlemagne, donnant l'exemple, en fondant un vaste bassin pour se baigner à Aix-la-Chapelle, avait encouragé la révolution que les Arabes se proposaient de faire, en médecine, par l'emploi des eaux thermales. Mais la mort de ce roi et la division de ses Etats replongèrent la France dans l'ignorance et la barbarie. On était donc bien loin des Grecs et des Romains qui, les premiers, nous ont enseignés l'usage salutaire qu'on pouvait faire des sources minérales.

Ce n'est que vers la fin du xve siècle que les médecins italiens firent revivre la célébrité des eaux minérales. Savonarola rechercha la cause de la chaleur des sources, les propriétés du soufre et de l'alun, celles du nitre, de la chaux et du fer qui entrent dans leur composition. André Baccius publia, en 1596, un traité sur les eaux thermales les plus célèbres de l'Europe, et indiqua quelques procédés pour reconnaître leurs principes constituants. Enfin, Henri IV, qui pendant sa jeunesse avait fréquenté les eaux des Pyrénées, nomma, par ses édits et lettres-patentes du mois de mai 1605, des surintendants et intendants-généraux qui étaient chargés de la haute surveillance des eaux, bains et fontaines du royaume, dont l'administration avait été abandonnée jusqu'à ce jour à des charlatans qui en imposaient facilement à l'aveugle et superstitieuse crédulité.

Depuis ce moment, on étudia de toutes parts les propriétés des eaux minérales, et elles y attirèrent un grand nombre de malades qui venaient y puiser la santé. Dans quelques provinces, certaines sources étaient placées sous la protection de quelque saint, et à une époque déterminée de l'année, on y venait en dévotion pour implorer le secours du ciel et pour s'y purifier. Nous citerons notamment la source de Pujos, dans l'ancien Comminges, aujourd'hui dans le canton d'Aspet, arrondissement de Saint-Gaudens, où tous les ans, à la fête de la Saint-Jean, les habitants des vallées espagnoles et des environs viennent se plonger dans une grotte où coule une source d'eau excessivement froide (1).

C'est principalement sur la fin du xviie siècle qu'un grand nombre de physiciens et de médecins parlèrent avec enthousiasme des eaux minérales des pays qu'ils habitaient. Pendant que l'Académie des sciences de Paris chargeait deux de ses membres, Duclos et Bourdelin, d'étudier les eaux minérales de la France; que Bayen, en 1766, analysait les eaux de Bagnères-de-Luchon; que Monnet, en 1772, produit au jour une nouvelle hydrologie dans laquelle il ne juge l'efficacité des eaux minérales que d'après les principes que l'analyse lui a fournis; que Lavoisier et Barthollet, en 1787, jettent un grand jour sur l'analyse des sources thermales avec les nouveaux

---

(1) Voir notre *Histoire de Bagnères-de-Luchon, avec des notices sur Siradan, Encausse et Ganties*, p. 321.

éléments de la chimie pneumatique, M. Sicre détermine, en 1758, les vertus des eaux minérales d'Ax dans leur application médicinale, et M. Pilhes, en 1787, en fait une analyse exacte d'après les nouveaux procédés de la science.

Tandis que les chimistes révélaient ainsi les principes constituants des eaux, les médecins étudiaient leur action sur le corps humain, et tâchaient de déterminer les cas où elles étaient utiles. Eclairé sur cette nouvelle cause de prospérité publique, le gouvernement fit élever près des fontaines minérales des hôpitaux où les soldats et les pauvres étaient soignés gratuitement, et des médecins particuliers étaient nommés auprès de chaque source pour veiller à l'administration des eaux et au soulagement des malades.

Afin de réunir dans un ensemble complet tous les travaux faits jusqu'à ce jour sur les eaux minérales, la société royale de médecine chargea, en 1780, M. Carrère, un de ses membres, de composer un catalogue raisonné des ouvrages qui avaient été publiés sur les eaux minérales en général, et sur celles de France en particulier. Grâces à ces travaux divers, les sources minérales acquirent, avant la révolution de 89, une faveur justement méritée, et obtinrent une place distinguée dans les ouvrages des médecins les plus célèbres, au nombre desquels nous citerons Desbois et M. Alibert. Ainsi les sources minérales, d'abord honorées chez les Grecs et les Romains, négligées par les Franks, puis cultivées par les Arabes, ont été de plus en plus fréquentées à mesure que la civilisation et la médecine ont fait des progrès.

SITUATION DE LA VILLE D'AX.

La petite ville d'Ax est située sur un plateau élevé à 710 mètres au-dessus du niveau de la mer, et dans une vallée agréable, entourée de montagnes granitiques. Elle abonde en sources thermales sulfureuses qui ont été connues dans les temps les plus reculés. On voit encore à Ax un bassin qui porte le nom de bain des *ladres* ou bain des *lépreux*. On y prend les eaux depuis le mois de mai jusqu'au mois d'octobre. La ville est environnée de trois petites rivières qui se réunissent sous ses murs pour confondre leurs eaux dans celles de l'Ariége.

Les sources d'Ax sont très nombreuses : on en comptait, en 1818, jusqu'à cinquante-trois, qui ont été distinguées par les noms des lieux où elles sourdent. Jusqu'à ce jour, on n'en a fait que trois divisions, savoir :

1° Celles du Teich; 2° celles du Couloubret; 3° celles du Breil, appelées auparavant de *l'hôpital* ou du *faubourg*. Différentes rivières les séparent les unes des autres. Il est probable que toutes ces sources prennent naissance dans les montagnes très élevées qui dominent entièrement la ville, excepté au nord-est.

La masse de ces montagnes est généralement de granit, à travers lequel on trouve des schistes alumineux micacés et du calcaire. Nous avons vu que les anciens y trouvaient de l'or, et l'on en rencontre encore des paillettes sur les bords de la rivière. Selon M. Dispan, le terrain d'Ax et des environs, quoique en général composé de matériaux primitifs, n'est pas cependant un terrain primordial lui-même, mais, au contraire, un terrain de transport formé de racines et de débris de toute espèce.

Les arbres ordinaires qui recouvrent les montagnes d'Ax sont le pin, le sapin, plus bas le hêtre, et enfin le chêne. On y rencontre aussi beaucoup de buis, de la bousserolle, etc. Mais à mesure qu'on s'éloigne d'Ax, dans la direction de Foix, on aperçoit le peuplier noir, le frêne, le mérisier, le noyer, la vigne, et successivement les arbres à fruit qui suivent la progression de la température.

On trouve encore dans ces montagnes quelques mines de fer, dont la plupart sont très pauvres et qu'on néglige d'autant plus qu'à cinq lieues au-dessous d'Ax, dans la vallée de Vic-Dessos, on rencontre la fameuse mine de Rancié, qui fournissait annuellement, en 1825, 50,000 quintaux métriques de fer d'excellente qualité pour la cémentation, ce qui suppose l'exploitation de 150,000 quintaux métriques de minerai.

Les bains du Breil sont couronnés de terre végétale très productive; quoique la couche soit généralement très mince, la végétation y est très active à cause de la chaleur souterraine. La neige qui y tombe très souvent n'y séjourne que quelques instants, même pendant les plus fortes rigueurs de l'hiver. « Les asperges, dit M. Magnes, y sont bonnes à « manger dans les premiers jours de mars; les arbres à noyau « et les arbres à pépin y fleurissent plusieurs fois dans l'année. » Ce terrain, de formation secondaire et mêlé de gros cailloux roulés de granit, présente de grandes inégalités sur sa surface. On y remarque quelques efflorescences de sels alumineux mêlés de sulfate de fer, et cependant l'eau minérale ne contient aucune trace de ce métal.

Les eaux du Breil sont très limpides et incolores; les orages et les pluies ne les troublent point; de plus, elles ne gèlent jamais. On leur reconnaît une odeur sulfureuse ou hépatique plus ou moins prononcée; leur transparence diminue par le refroidissement, et surtout lorsqu'elles ont séjourné quelque temps dans les bassins. La plupart de ces eaux subissent un tel changement de diaphanéité, qu'alors elles paraissent tirer au bleu clair; ce phénomène est plus remarquable dans les bassins de l'établissement du Teich, ce qui s'explique par ceci : quelques grains de schiste gras, argileux, ou d'ardoise, délayé dans un verre d'eau distillée, lui communiquent un ton de couleur bleu de ciel et une odeur d'hydrosulfure. M. Magnes a observé encore que vingt grains de sulfure de potasse récemment préparée, dissoute dans la quantité d'eau de rivière nécessaire à un bain entier, paraît bleue dans un demi-jour en prenant un œil laiteux, tandis qu'elle est incolore et presque limpide lorsqu'on la voit au grand jour dans un verre. Il en est de même d'une légère solution de savon blanc dans l'eau pure.

L'eau de l'étuve des bains du Breil laisse échapper une quantité de bulles plus ou moins grosses qui se succèdent d'une manière assez rapide. M. Dispan, qui s'en est occupé, reconnaît en elles un gaz composé d'acide carbonique et d'air atmosphérique désoxigéné en partie par l'hydrosulfure que les eaux contiennent. Il en est de même des glaires qui se réunissent dans le canal de fuite qui conduit les eaux des bains de Breil; on les trouve également dans les bains du Couloubret et du Teich. Il résulte des expériences auxquelles M. Dispan soumit ces glaires, qu'elles sont d'une nature putrescible, qu'elles produisent de l'ammoniaque dans leur putréfaction, assez d'acide acétique et un peu d'hydrogène sulfuré, enfin qu'elles contiennent une matière azotée, étant le produit de matières animales.

ORIGINE DES EAUX D'AX.

Les eaux d'Ax sont éminemment thermales. Quelle est la cause de leur thermalité? L'explication de ce phénomène a donné lieu à quatre hypothèses. L'une attribue la chaleur des eaux thermales à la réaction chimique qui s'opère dans le sein de la terre. Mais cette hypothèse est peu probable, puisque les eaux les plus chargées de substances qui devraient être les plus chaudes le sont quelquefois beaucoup moins. Ainsi les eaux de Luchon, beaucoup plus sulfureuses, sont beaucoup moins chaudes que les eaux d'Ax. M. Anglada a consacré la seconde hypothèse en établissant que la chaleur des sources tient à des courants électriques souterrains. Mais il est démontré que les points isothermes, soit des eaux des Pyrénées, soit des différentes sources du globe, ne sont nullement en rapport avec les courants électriques indiqués par l'aiguille aimantée. La troisième hypothèse attribue aux volcans éteints la thermalité des eaux, parce que l'on trouve des sources chaudes dans le voisinage des volcans en combustion. Cela ne prouve rien ; car la cause de la chaleur des volcans étant elle-même inconnue, à moins de la rapporter à la chaleur centrale, il faut la faire rentrer dans la quatrième hypothèse qui attribue la thermalité des eaux à la chaleur centrale.

Il est démontré, en effet, que, lorsqu'on pénètre à de grandes profondeurs, la chaleur va continuellement en augmentant dans la proportion d'*un degré* centigrade pour 25 ou 30 mètres, ce qui a été constaté dans la perforation du puits de Grenelle, à Paris. Il a été toutefois observé encore que lorsqu'une source va de bas en haut et qu'on peut l'examiner à divers points de sa hauteur, le refroidissement s'opère en montant d'une manière rapide. On doit donc s'en tenir à l'opinion des géologues modernes qui attribuent à la chaleur centrale tous les phénomènes observés par la science, tels que le soulèvement des montagnes, les volcans, la chaleur des eaux thermales, etc.

Nous n'entrerons point, au sujet de la thermalité des eaux d'Ax, dans une foule de ces questions qui nous paraissent au moins oiseuses, et qu'on a débattues si souvent en pure perte, à savoir si la chaleur des eaux thermales est de même nature que celle que l'on fait acquérir à l'eau en l'exposant sur un foyer, et si le plus ou moins de température d'une source peut produire sur le corps humain des effets thérapeutiques différents. Quant à la première question, il n'est pas douteux pour ceux qui ont fait des expériences avec soin que la chaleur des eaux naturelles et la chaleur communiquée produisent, à température égale, des résultats qui sont identiques ; et quant à la seconde question, à savoir à quel degré de température les eaux doivent être administrées, cela est du ressort des médecins.

TABLEAU

De la Température des sources d'Ax, par M. Fontan. (15 octobre 1855).

SOURCES SULFUREUSES.

PLACE DE BREIL.		Les Canons............75° 70 à la canelle.	
		Les Rossignols........74, 50 à la source.	
AX, COULOUBRET.	25 Sources.	La source de l'Etuve..66, » Idem.	Température de l'air. 10° centigrades.
		Bains forts...........45, 50 au robinet.	
		Source n° 4...........36, 75 Idem.	
BAINS SICRE.		Source Fontan.........59, 50 à la source.	
		Source n° 7...........32, 30 au robinet.	
BAINS DU TECH.		Pyramides............62, 50 à la source.	
		Source de l'Etuve.....70, 50 Idem.	

En 1787, le docteur Pilhes prit la température des sources et la constate ainsi :

Les Canons..............75° 62
Les Rossignols..........76, 25
La source de l'Etuve....70, »
Bains forts.............48, 75
Source n° 4.............37, 05
Source de l'Etuve.......70. »

Puisque l'établissement des bains d'Ax a l'avantage d'avoir un inspecteur médecin aussi recommandable par son savoir et son expérience que l'est M. le docteur Alibert, c'est à lui que les malades doivent s'adresser avec toute confiance; lui, mieux que tout autre, pourra, selon le caractère de la maladie, prescrire le degré convenable de température des bains.

PROPRIÉTÉS PHYSIQUES DE CES EAUX.

Les sources sont constamment claires; les orages et les pluies, comme nous l'avons dit, ne les troublent point; elles ne gèlent jamais; la chaleur et le volume de celles qui sont au-dessus de 35° sont invariables dans toutes les saisons. Leur saveur et leur odeur ressemblent à celles d'œufs couvés : ces deux qualités sont proportionnées à la chaleur des eaux.

L'eau sulfureuse des Canons, la plus chargée de principes fixes, donnait à l'aréomètre de Beaumé le même degré que l'eau distillée ou à peu près. Cette eau a une odeur de foie, de soufre, très forte.

Les eaux du Breil déposent dans leur cours un sédiment véritablement sulfureux. Les eaux du Couloubret contiennent beaucoup moins de soufre, mais elles charrient beaucoup de glaires qui paraissent quelquefois en flocons noirs ou blancs, ou mêlés de blanc et de noir, d'autrefois en filaments très blancs.

Le degré de chaleur des eaux d'Ax, évalué par M. Pilhes au thermomètre de Réaumur, a présenté les résultats suivants :

DEGRÉS DE TEMPÉRATURE DE M. PILHES.

Sources du Teich.

1re Source.	26°
2e Source.	43°
Source à bouillon du Teich. . .	56°

Sources du Breil ou de l'Hôpital.

Le Rossignol............................	61°
Les Canons............................	61° moins 1|2
Source du milieu du Bassin............	58°
Source à droite dans l'Étuve...........	56°
Source en face de la Porte............	52°
Plusieurs autres sources, depuis.......	32° à 54°
La fontaine du Breil..................	26°

Sources du Couloubret.

La Douche............................	38°
L'eau supérieure du Bain fort.........	39°
L'eau de l'ancien Bain fort en réservoir...	35°
La fontaine de l'ancien Bain fort......	36° 3|4
Source des Pauvres...................	35°

Bains Doux.

La Gourguette ou la source des 1er et 2e bains	29°
La source Douce qui fournit au 3e et 4e bains	30° 1|2
Celles des 5e, 6e, 7e et 8e bains........	27°
Celles des 9e, 10e et 11e bains.........	26°
La fontaine de la Canalette...........	23° 1|2
Source basse aux bains Doux..........	24°
Le grand Bassin.....................	20°
Plusieurs petites Sources de...........	17° à 24°

ANALYSE CHIMIQUE. — ANCIENS ÉTABLISSEMENTS.

M. Pilhes publia, en 1787, l'analyse des eaux d'Ax; elle fut faite plus tard par M. Chaptal. Ces deux analyses sont assez d'accord sur la nature des produits; elles diffèrent un peu par les proportions. Nous allons indiquer celles qui ont été faites plus récemment, en espérant que bientôt une analyse définitive sera confiée au savant M. Filhol, de Toulouse, si expert en ces sortes de travaux chimiques appliqués aux eaux minérales. La température des sources est variée depuis le 17e jusqu'au 61e degré de l'échelle de Réaumur.

Les sources qui fournissent aux bains et aux douches étaient déjà, en 1823, divisées en trois établissements. Le plus ancien, qui date de l'année 1780, est dû aux soins de M. Pilhes, docteur en médecine, qui l'a dirigé, pendant plusieurs années, en qualité d'inspecteur.

Cet établissement est connu sous le nom de Bains du Couloubret ; il est situé sur la rive droite de l'Ariége. Le savant Venel visita ces bains en 1754 ; et dans son catalogue raisonné des eaux minérales de la France, publié à cette époque, le docteur Carrère cite un mémoire, écrit en 1758, de M. Sicre, sur ces sources qui étaient alors les seules connues à Ax.

ANALYSE DES BAINS DU COULOUBRET PAR M. DISPAN.
(Année 1809.)

A, eau du bain Fort ; B, source n° 4.

	A	B
Muriate	0, 221	0, 177
Matière vegeto-animale	0, 221	0, 221
Carbonate de soude desséché	0, 708	0, 619
Oxide de fer au maximum	»	0, 089
Oxide de manganèse	0, 022	»
Oxide de manganèse et magnésie	»	0, 011
Alumine	0, 011	»
Silice	0, 354	0, 354
Perte	0, 288	0, 288
	1, 858	1, 770

Le second établissement thermal formé sur la rive opposée depuis environ quarante-cinq ans, par M. Bouillé, chirurgien d'Ax, est appelé Bains du Teich. Le gouvernement l'autorisa, d'après l'analyse suivante faite par M. Dispan, professeur de chimie à la faculté des sciences de Toulouse.

ANALYSE DES SOURCES DU TEICH, PAR M. DISPAN.
(Année 1820.)
Eau bleue.

Vingt-quatre kilogrammes d'eau ont fourni, indépendamment du gaz hydrogène sulfuré, un résidu pesant. 6 gr 000

Ce résidu se compose :

Carbonate de soude sec......	2,	615
Muriate de soude...........	0,	391
Silice dissoluble...........	0,	159
Matière vegeto-animale......	0,	126
Silice indissoluble..........	1,	221
Carbonate de chaux.........	0,	159
Fer et alumine............	0,	106
Magnésie................	vestige.	
Eau ou perte.............	1,	223
	6,	000

Source n° 4 des eaux du Teich.
(1820.)

Douze kilogrammes de cette eau ont produit un résidu pesant........	2 gr	50

Ce résidu se compose :

Muriate de soude et matière vegeto-animale, avec trace de soude...	0,	93
Silice en gelée............	0,	20
Soude silicée, sans carbonate, avec trace de sulfate.......	0,	35
Résidu insoluble de silice.....	0,	80
Carbonate de chaux et de fer....	traces.	
Perte.................	0,	22
	2,	50

Eau du petit Robinet.
(1820.)

Douze kilogrammes d'eau ont fourni un résidu de.............	2 gr	497

Ce résidu se compose :

Muriate de soude...........	0,	53
Matière vegeto-animale.......	0,	170
Carbonate de soude.........	1,	062
Soude silicée............	0,	153
Résidu insoluble...........	0,	637
Perte.................	0,	422
	2,	497

Eau de la grande Pyramide.

Douze kilogrammes ont produit un résidu de..................	2 gr 90

Ce résidu se compose :

Muriate de soude et matière végeto-animale................	1,	55
Soude silicée.............	0,	21
Carbonate de soude, trace..... }	0,	95
Résidu insoluble de silice..... }		
Carbonate de chaux.........	0,	10
Perte....................	0,	09
	2,	90

Le troisième établissement est celui que le sieur Sicre construisit, en 1822, au fond du jardin de sa maison, portant l'enseigne de l'*Hôtel d'Espagne*. Il est situé au sud-est de la ville, au milieu de la ligne sur laquelle se montrent, dans ce pays, les eaux minérales. Il sert de point de jonction aux deux premiers établissements qui en occupent les extrémités. Il a pris le nom de *Bains du Breil* de celui d'une fontaine qui est très fréquentée par les buveurs, et dont l'eau sulfureuse est très recommandée par les médecins dans les maladies de poitrine.

ANALYSE DES EAUX DU BREIL, PAR M. MAGNES.
(1821.)

A, source n° 1, température 39,37 ; pesanteur spécifique, 1,0015.
B, source n° 5, servant aux douches, température 60,87 ; pesanteur spécifique 1,0044.

	A	B
Muriate de soude...............	0, 354	0, 532
Matière vegeto-animale.........	0, 390	0, 426
Carbonate de soude desséché....	0, 818	0, 690
Silice.........................	0, 390	0, 442
Oxide de manganèse............	0, 036	0, 036
Alumine.......................	0, 018	0, 036
Perte..........................	0, 372	0, 283
	2, 378	2, 445

PROPRIÉTÉS MÉDICALES.

Les eaux minérales d'Ax n'eurent jamais d'historiens fameux; elles n'en sont pas moins arrivées à un degré de réputation incontestable. Sans autres titres qu'un dévouement sans bornes, M. Sicre, dont le zèle était à toute épreuve, recueillit le premier, en 1758, quelques faits pratiques qui commencèrent à faire connaître avantageusement ces eaux thermales. Il donna ainsi, avant tous les médecins modernes, l'exemple de la médecine d'observation près des établissements thermaux. Trente ans après, c'est-à-dire en 1787, le célèbre Pilhes suivit son exemple, et publia à cette époque la première édition de son opuscule intitulé : *Observations médicales sur les eaux d'Ax*. Il fit plus encore, car il s'occupa avec un soin et un zèle fort rares à l'analyse de ces eaux, alors que l'art de les décomposer se trouvait encore peu connu, et que leurs propriétés n'étaient appréciées que par leurs effets.

Ces premiers essais furent fructueux, et s'ils ne contribuèrent point tout-à-fait à donner aux sources d'Ax la renommée et la célébrité dont jouissaient déjà celles de Bagnères, ils les mirent néanmoins sur la voie de la vogue et du crédit. Elles commencèrent donc à être fréquentées avec plus d'assiduité à dater des publications de ce savant médecin.

Mais la réputation des eaux d'Ax ont pris, depuis plusieurs années, une extension qui va toujours croissant. Leurs propriétés sont reconnues très efficaces, et leur grand nombre de sources, la distribution inégale de soufre qu'elles tiennent en dissolution, offrent un avantage inappréciable aux médecins qui peuvent proportionner la force des eaux aux besoins des divers malades. Nous allons, au reste, transcrire les observations qui ont été faites à ce sujet par les hommes de l'art (1).

---

(1) Sicre. *Mémoire sur les eaux minérales d'Ax*, in-8°. 1758. On y

On fait boire les eaux de la source des Canons, qui sont très actives, dans l'asthme humide, les affections catarrhales, chroniques, des poumons, dans les engorgements chroniques du foie, l'ictère, dans quelques espèces de dartres rebelles ou dans les gales invétérées, dans les maladies de l'estomac avec relâchement. Elles conviennent aux tempéraments lymphatiques.

La source dite la Canalette est légèrement apéritive, rafraîchissante, diurétique ; elle est utile dans les maladies cutanées récentes et dans les engorgements commençants des viscères abdominaux.

La Gourguette, la source Douce, celle du Breil sont manifestement savonneuses. Les personnes qui ont la poitrine faible en font leur boisson ordinaire.

Les eaux du bain Fort jouissent de vertus énergiques, et sont très appropriées pour les maladies des articulations, la goutte, les ankiloses fausses, les tumeurs articulaires, les rhumatismes chroniques, les paralysies, les écrouelles, les anciens ulcères fistuleux, profonds, les engorgements récents de l'utérus.

On fait usage des eaux d'Ax en boisson, bains et étuves ; mais on fait sa boisson ordinaire de l'eau de Breil. On peut boire les eaux pures ou coupées avec du lait, de l'eau de poulet ou de gruau. Ce mélange est surtout avantageux dans le traitement de la phthisie pulmonaire. Les eaux du bain Fort et de l'Etuve sont très appropriées à cette maladie.

---

trouve vingt-quatre observations sur les effets des eaux minérales d'Ax. — Pilhes, *Traité analytique et pratique des eaux thermales d'Ax et d'Ussat*, in-8º, 1787. On y trouve un grand nombre d'observations recueillies avec exactitude. — Maudinat, *Observations et réflexions sur les bains d'Ax*. (Journal de Médecine, juillet 1788.)

Le docteur Pilhes conseille les bains de cuve, le premier, le deuxième et le troisième contre les dartres miliaires, écailleuses, les tumeurs scrofuleuses ; ils sont indiqués encore pour préparer les malades aux bains forts et aux douches dans les affections rhumatismales.

Les bains cinquième, sixième, septième et huitième sont destinés aux sujets d'un tempérament irritable, pléthorique et bilieux. — Les bains neuvième, dixième et onzième ne sont pas sulfureux ou ne le paraissent pas suffisamment. On les réserve pour les affections nerveuses dans les tempéraments délicats très excitables.

On trouve à Ax des douches et une étuve dont on peut à volonté augmenter plus ou moins la vapeur, et en échauffer l'atmosphère humide depuis le 24e degré jusqu'au 30e.

Avec toutes ces propriétés des bains d'Ax qu'on ne peut révoquer en doute, et qui ont été reconnues sans contestation, on peut établir : qu'elles sont généralement utiles ; — que leurs eaux diffèrent non-seulement par le degré de leur chaleur, mais encore par la qualité de leurs principes et par leur quantité : ce qui est d'autant plus précieux qu'elles offrent non-seulement la faculté de traiter, par des remèdes appropriés, des maladies qui varient par leur essence, mais encore la facilité de modifier l'emploi de moyens curatifs analogues ; — qu'elles guérissent les ulcères et les blessures de toute espèce, les maladies de la peau, de même que bien d'autres qui cèdent à l'action combinée des eaux sulfureuses ; — enfin, que les succès nombreux obtenus dans la cure des maladies chroniques par l'emploi de ces eaux dépendent aussi des lumières, du zèle et de la patience des médecins qui sont sur les lieux et qu'on doit consulter. Ce qui revient à dire : « Qu'il est de toute nécessité que les étrangers qui viennent à Ax pour y éprouver les propriétés de ses eaux, se placent sous la surveillance d'un praticien attentif qui soit à portée d'en étudier les effets. » En cela nos bains sont bien partagés, puisqu'ils ont, en qualité d'inspecteur, M. Alibert, une des sommités de la science pratique.

Il faut encore, pour éprouver les heureux effets des propriétés des eaux thermales, que les malades qui viennent aux bains n'attendent point les dernières périodes de leurs maladies pour les employer en remèdes. Pour cela, nous leur rappellerons le précepte consigné dans un des écrits les plus intéressants du docteur Alibert. Nous terminerons ainsi ce que nous avions à dire sur les propriétés des eaux d'Ax : « Il « est, dit M. Alibert, une multitude d'affections morbides qui « pourraient être efficacement combattues par les eaux mi- « nérales aussitôt après le développement des premiers symp- « tômes ; et c'est perdre tout le fruit de leur usage que de ne « les employer que lorsque les malades ont été épuisés par « les autres remèdes, ou lorsque la maladie est profondément « invétérée. » (1)

Mais il ne suffit pas toujours, pour obtenir des guérisons, de connaître les propriétés générales et particulières des sources dont on conseille l'emploi ; il faut encore seconder l'effet des eaux par d'autres remèdes, et surtout en suivant un régime uniforme. L'expérience prouve, en effet, que la même quantité d'eau prise en boisson contre des maladies de la même nature, purge les uns et nuit aux autres ; cela dépend souvent d'un verre d'eau de plus ou de moins. Les conseils d'un médecin expérimenté deviennent, dans ce cas, une chose indispensable.

Quelquefois aussi, les individus souffrants qui ont recours

---

1 Alibert, *Nouveaux éléments de Thérapeutique*.

aux eaux d'Ax ne sont pas assez persuadés que, malgré les secours puissants qu'on peut retirer de leur emploi, leurs effets salutaires doivent toujours être appuyés par un régime de vie convenable et rigoureusement observé. Rien ne contrarie autant la cure des maladies chroniques que la profusion des mets de la table, l'excès des boissons, les changements de costumes inappropriés à la température, les imprudences de tout genre, etc. Les malades doivent toujours se rappeler ce vieil adage de médecine : « *Il est une foule de maladies qui* « *se guérissent par le régime seul ; mais il n'en est aucune qui* « *puisse se guérir sans régime.* » Un genre de vie sage et réglé est indispensable à la conservation de la santé. Il ne faut pas oublier qu'on doit seconder les moyens médicinaux. Ainsi, s'il est des maladies qui exigent, durant l'usage des eaux, le calme et le repos ; il en est d'autres, au contraire, qui sont puissamment combattues par le mouvement et l'exercice modéré des passions. Dans quel autre site thermal les puissantes ressources de l'hygiène peuvent-elles être appliquées avec plus d'avantage qu'aux bains d'Ax ? Un air vif et pur, sans cesse mis en mouvement par une innombrable quantité de sources limpides ; l'observation facile d'un régime végétal ; la boisson d'une eau fraîche et pure ; la fréquentation d'une société choisie qu'anime la gaîté ; le spectacle d'une nature romantique ; des sites variés, tous ces puissants auxiliaires dans le traitement des maladies nerveuses se trouvent réunis dans ce délicieux coin des montagnes.

Au reste, les succès avantageux que ces moyens, employés avec adresse, manquent rarement de produire ne sauraient jamais être le fruit de l'indifférence. Et quels sont, parmi les individus qui viennent passer la saison des bains à Ax, ceux qui voudraient, à leurs dépens, négliger ces moyens curatifs ?

CHAPITRE IV.

Voyages dans les trois vallées d'Ax, de Lordat et de Vic-Dessos. — Leur description. — Charte de la ville d'Ax. — Mines de fer de Rancié. — Personnages célèbres. — Mœurs et langage. — Commerce, industrie, etc.

Le voyageur qui se rend aux bains d'Ax rencontre sur sa route, depuis Tarascon jusqu'à la cité thermale, c'est-à-dire pendant l'espace de cinq lieues environ, plusieurs vallées qui s'ouvrent sur son passage, et qui toutes ont une certaine importance historique. Elles peuvent servir de but pour des promenades et des courses qui offrent toujours des moyens de distraction joints à d'autres attraits pour l'esprit et le corps.

Parmi les principales de ces vallées, nous en citerons trois : celle de Vic-Dessos qui commence à droite, au-dessus de Tarascon, et qui se perd dans les montagnes de Sem et d'Ercé; celle de Lordat, qui débouche au village de Lassur, à gauche du voyageur et à moitié chemin de Tarascon et Ax; enfin, celle d'Ax, qui termine cette série de vallées qui se perdent, de ce côté, au pied de la frontière espagnole. Nous commencerons notre exploration par cette dernière, qui nous intéresse principalement.

VALLÉE D'AX.

La vallée d'Ax qui a environ deux lieues et demie de longueur comprenait autrefois dans sa circonscription les localités de Savignac, de Sorgeat, d'Ignaux, d'Ascou, d'Orgeix, du Castelet et même de Mérens. Englobés dans son territoire, il n'est pas un de ces villages qui n'ait une page à inscrire dans l'histoire du passé.

C'est à l'année 1272 qu'il faut remonter pour se faire une

idée de l'importance historique qu'avait déjà à cette époque la vallée d'Ax. Dès le 7 juin de cette même année, le comte de Foix s'étant soumis au roi de France, qui l'emmena prisonnier à Carcassonne, Pierre de Durban, gouverneur du château de Foix, livra cette place, au nom du comte, à Gaufrid de Roquebertin, qui en prit possession au nom du roi d'Aragon. Celui-ci la fit remettre au roi de France ; mais il garda en son pouvoir la plupart des autres châteaux du haut pays. Comme il n'avait pas ce droit, et que d'ailleurs ces places devaient être restituées à leur souverain naturel, on fit une enquête pour connaître les limites du haut pays de Foix.

Cette enquête établit que la partie haute du comté renfermait sur une des rives de l'Ariége la terre du Savartés, la vallée d'Ascou et le village de Soriac ; la vallée d'Orlonac et le lieu d'Orgeix jusqu'au port qui confronte avec le Capcir ; la vallée de Mérens, qui est près des limites du diocèse d'Urgel ; la vallée d'*Eravalle,* qui confronte avec l'Andorre ; enfin, les vallées de Savignac, de Lassur, de Châteauverdun, de Miglas, de Siguer, de Sós, de Ravat qui touche aux limites de Massat, de Saurat et de Foix jusqu'à Saint-Jean de Verges. — Sur la rive opposée se trouvaient les lieux d'Ax, d'Ignaux, de Lignac, de Perles et d'Unac, et les vallées de Lordat et de Verdun, la grotte d'Orlonac, les villages d'Ussat et de Guerles, le château de Tarascon, les vallées de Saint-Paul, de Lespone, de Montlaur, et la vallée de Varilles jusqu'aux limites de la seigneurie de Mirepoix. Ainsi se trouvait délimité tout le haut pays.

Mais comme le roi d'Aragon ne se pressait pas de restituer cette partie des montagnes qui comprenait toutes ces localités dont nous venons de faire l'énumération, Pierre de Villars, au nom du roi de France, fit citer les gouverneurs des châteaux d'Ax et de Mérens à comparaître devant lui à Tarascon pour qu'ils eussent à faire la remise de ces places. Raymond de

Cardonne, qui en avait la garde, s'y refusa sous prétexte qu'il n'en avait point reçu un ordre spécial du roi d'Aragon. Aussi, ce ne fut que l'année suivante, et lorsque le comte de Foix eut été mis en liberté, que tout le pays rentra au pouvoir du roi de France, qui le restitua à son tour à son légitime suzerain dès qu'il eut fait sa soumission.

Tel était, à la suite des guerres de religion, l'état du pays et du comté, qu'il se trouvait tout entier au pouvoir et à la merci de plusieurs maîtres à la fois.

La vallée d'Ax luttait néanmoins contre l'envahissement des droits féodaux qui devenaient tous les jours de plus en plus oppresseurs. Nous voyons, en effet, que Loup de Foix, seigneur d'Ax en 1241, voulut étendre ses priviléges au détriment des franchises dont la ville jouissait comme cité consulaire, et qu'il en fut empêché par la production de la charte suivante qui arrêta ses prétentions. En voici quelques extraits (1) :

« Roger (fils de Roger-Bernard), comte de Foix, veut que pour le présent et l'avenir : 1° les habitants d'Ax et leurs biens soient francs et quittes de tous *cens* envers qui que ce soit ; — 2° il leur concède à perpétuité le droit de prendre le bois qui leur sera nécessaire, de jouir des eaux et des dépaissances ; — 3° le seigneur d'Ax ne pourra changer la destination du marché et de la promenade ; — 4° il est interdit à tout étranger de vendre et de faire étalage sur ces terrains ; — 5° le seigneur sera tenu de fournir à perpétuité la cire qui pourra s'employer dans la célébration de la fête de la sainte Vierge au mois d'août ; — 6° il octroie à chaque habitant d'Ax le droit, s'il lui est fait du mal sans motif, de s'assurer du malfaiteur jusqu'à ce qu'il lui

---

(1) M. Cros, *Mémoire sur les antiquités monumentales et les archives historiques de la ville d'Ax*.

ait donné satisfaction, l'intervention du bailli n'étant pas nécessaire dans ce cas; — 7° le seigneur devra empêcher qu'on n'inquiète en aucune manière les habitants dans leurs personnes et dans leurs biens; il leur assure la protection de son bras et de sa justice, comme aussi il compte sur leur empressement à le suivre en cas de guerre. »

On trouve encore dans la collection de Doat une charte où il est dit que Roger accorde aux habitants de la *nouvelle* ville d'Ax d'autres priviléges. Ce mot de *nouvelle* ville indiquerait qu'elle avait été détruite, soit pendant les guerres des Albigeois, soit par l'incendie dont nous avons parlé dans un chapitre précédent. Dans tous les cas, ces nouveaux priviléges se résument en ceux-ci : Il leur accorde de ne pouvoir être déshérités ni réduits à l'intestat; le droit de construire un four; il établit une foire à l'époque de Notre-Dame d'août, mais il se réserve la justice du lieu et une cavalcade d'un mois pour le service de l'ennemi.

Nous trouvons, à la suite de cette charte, deux titres par lesquels, dans l'un, Roger comte de Foix, le même que celui qui est mentionné déjà, sa femme Ermessinde de Castelbou et son fils Roger-Bernard donnent au même Loup de Foix et à ses successeurs la ville d'Ax et toutes ses appartenances, à la réserve et sous la clause expresse : « *que mondit Loup ne pourra aliéner ledit fief.* » Dans l'autre titre, il est dit qu'il lui donne encore le village d'Ascou, à la charge de la part de Loup, son oncle, de lui rendre l'hommage que le donataire rendrait au comte (1).

Nous remarquons que la plupart de ces actes, et notamment la grande charte d'Ax, furent expédiés en 1391 par Raymond Sans, notaire, par ordre du comte de Foix et sur l'humble de-

---

(1) Voir notre *Histoire du pays et du comté de Foix*, t. I, p. 150.

mande qui en fut faite par les habitants et consuls d'Ax et Sabartés, qui n'avaient qu'une connaissance imparfaite de leurs priviléges.

Le délaissement consenti par Roger, comte de Foix, de toutes ses terres et dépendances de la ville d'Ax en faveur de Loup, son oncle, fut complète par le don qu'il fit, deux ans plus tard (1245), à Guillaume Bar et à sa postérité, de la baillie de tout le pays compris entre le cours de la rivière d'Etempes jusqu'au port de Puymorin, avec tous les droits appartenant à ladite baillie ou viguerie, y compris les moulins d'Ax et de Mérens (1). Néanmoins ce désistement n'était que partiel, puisque, l'année 1260, Roger-Bernard fit construire à ses dépens, dans la ville d'Ax, un hôpital destiné à recevoir les lépreux qui se trouvaient sur ses terres (2). Ce fut à la suite de cette philanthropique création que, poussé par les inquisiteurs de la foi, il ordonna nominativement aux baillis et consuls d'Ax, de Tarascon et de Lordat de sévir contre toute personne soupçonnée d'hérésie.

Malgré cette condescendance du comte, l'autorité royale ne cherchait pas moins, tous les jours, à empiéter sur les droits de ce puissant suzerain. Déjà, à cette époque, les mines du haut pays de Foix étaient en pleine exploitation. En dépit des droits que Roger prétendait avoir sur ce genre d'exploitation, Adam Auberviller, sergent du roi dans la vallée d'Ax, ayant défendu de transporter le fer fabriqué dans la contrée au-delà de la frontière, le bailli d'Ax, nommé Asnard, en appela au roi. Ce même bailli qui représentait l'autorité du comte avait déjà défendu, l'année précédente, les immunités du pays, au

---

(1) Collection Doat, vol. 170.
(2) M. Cros, Mémoire déjà cité.

nombre desquelles était la liberté de transport des laines et autres marchandises (2).

Cet antognisme entre l'autorité du roi et celle du comte n'est pas un des faits les moins curieux à étudier dans l'histoire de cette époque étrange. Tandis qu'il se révélait de la sorte dans les actes de simple administration, les communes, de leur côté, luttaient contre ces deux puissances féodales en faveur de leurs libertés. Ainsi, nous voyons ce même bailli, si dévoué aux intérêts de la vallée lorsqu'il s'agit de les défendre au profit du comte et au détriment de l'autorité royale, en opposition, l'année suivante, avec les consuls de la ville d'Ax qui en appelaient, de leur côté, au roi de l'ordonnance par laquelle ce bailli interdisait l'usage de toute autre monnaie que la française.

Et tandis qu'ils se mettaient ainsi en opposition formelle avec l'officier du comte dans une question de finances qui touchait de si près aux prérogatives de la couronne de France, les mêmes consuls et syndic de la communauté d'Ax s'opposaient le 19 mars de cette même année 1292, ils se refusaient avec les consuls et syndics des autres localités de Foix, de Tarascon, de Mazères, etc., à ce qu'on fît le dénombrement des feux du comté au nom du roi. Le prétexte était pris, il est vrai, de ce que le pays ne devait au roi ni le service militaire, ni aucun subside de guerre. C'est ainsi que procédaient les communes dans le maintien de leurs franchises et de leurs libertés.

Cette résistance n'aboutissait pas toujours au gré des communes; l'autorité du comte finissait souvent par triompher. C'est ainsi que sous le règne du comte Gaston, et dans le but de satisfaire les goûts somptueux de sa femme Jeanne, les rentes et revenus des baillis d'Ax et de Mérens furent aliénés

---

(2) Cartulaire de Boulbonne, 77 et 78.

en faveur de Raymond Isalguier, de Toulouse, pour deux années. Ce délai expiré le 21 décembre 1316, les mêmes revenus, y compris la gabelle d'Ax, sont donnés en garantie du prêt fait au fils de Gaston, agissant au nom de Jeanne, sa mère, par le roi et la compagnie pérusienne de Florence.

Outre ces revenus qui donnent une idée du genre d'impôts qui pesaient sur les communautés, il en existait d'autres que Gaston II, voulant faire le voyage de la Terre-Sainte, donna en bail à fermo à Pierre Elie, marchand de la ville de Foix. Ces revenus se composaient « des leudes du lieu de Mérens, du forestage et bladatge de la baillie d'Ax. »

Malgré les bonnes intentions dont était animé le comte de Foix à l'endroit de la religion, l'inquisition, à la recherche des hérétiques albigeois, n'en poursuivait pas moins le cours de ses enquêtes sur les terres de ce suzerain ; car l'année 1335 offre ce fait singulier de procédure porté contre un de ses sujets, pardevant le tribunal de l'inquisition, pour cause d'athéisme et d'hérésie. C'était le nommé Raymond Méziane, d'Ax, qui en fut l'objet. Enfermé dans la prison spécialement destinée aux sectaires dans le lieu des Allemands, il fut prévenu et condamné pour avoir dit que le monde était éternel, et qu'après la mort il n'y avait pour l'homme ni récompense ni punition.

Au milieu du mouvement qui emportait la société féodale, au xiv° siècle, vers des destinées imprévues, le règne de Gaston-Phœbus fut une bonne fortune pour la vallée d'Ax. Le premier acte de ce comte fut d'abord de confirmer les priviléges de la ville en 1343. Il confirma ensuite, deux ans plus tard, à Léonor de Comminges, sa mère, la donation à elle faite par son père en usufruit seulement des lieux et terres d'Ax, de Mérens, d'Andorre et autres lieux ; enfin, il fait procéder au dénombrement de ces mêmes terres d'Ax, dont la possession était déjà devenue fort problématique par suite des nombreux engagistes qui les avaient tenues à leur disposition et dont ils avaient aliéné une grande partie. Ce dénombrement eut pour résultat l'exemption de leude que les consuls d'Ax demandèrent et obtinrent, en 1358, par acte public, pour les habitants de la ville et pour toute la contrée.

Gaston-Phœbus se montra encore plus bienveillant en faveur de la cité thermale, qu'il semblait affectionner d'une manière toute particulière puisqu'il l'autorisa à nommer quatre consuls, au lieu de deux qu'elle avait eus jusqu'alors ; de plus, il confirma à cette occasion ses priviléges antérieurs. On voit aussi que cette vallée, si favorisée sous le règne de ce comte sous le rapport de ses libertés, l'était aussi au point de vue de la propriété qui s'affranchissait du joug féodal.

Ainsi nous lisons dans le cartulaire de Boulbonne qu'en 1380 un nommé J. Fabre, dit Baralet, et sa femme, habitants d'Ax, vendent à Mallet de Prades divers biens questables qu'ils avaient dans le dixmaire de Saint-Pierre-de-Prades, sauf la quête à volonté et autres droits seigneuriaux appartenant au comte de Foix. Quelques années après, Raymond Hun, aussi d'Ax, achète de Jean Andorran, de Raymond Caillaud et leurs femmes une borde avec jardin au lieu d'Axpinal, sous la censive de vingt-quatre deniers. Guillaume Vitalis, tuteur de G. Armenjou, fit une autre vente à Jean-Pierre Guillaume d'une maison dans la même ville, rue d'*Enqueralp*.

Le règne d'Henri IV apporta de grandes modifications dans l'administration du pays de Foix en général, et dans celle de la vallée d'Ax en particulier, soit en apaisant les nombreuses divisions qui y avaient fait naître les guerres de religion, soit en favorisant les progrès de l'industrie et du commerce, deux branches de prospérité qui étaient restées stériles pendant deux siècles.

Pendant que ce monarque nommait l'intendant Malus commissaire pour l'exploitation des mines d'or du Couserans, le sieur d'Audou, gouverneur du comté, pacifiait, en son nom, le pays, encourageait le commerce, veillait à la défense des frontières, en un mot, il procurait le bien-être au pays. Nous ne voulons, pour preuves de cette sollicitude qui animait ce gouverneur, que les extraits suivants de son rapport adressé au roi sur les affaires du comté :

« Le faict d'Ax, dit-il, est paisible; sauf que quelques larrons fesaient naguère des courses en Espagne, dont quelques-uns avaient été pris prisonniers, mais ils ont été eslargis. Or pour empêcher tels larcins ledit sieur d'Audou a depêché deux commissions pour courir sus aux-dits larrons, l'une au capitaine de Mérens, l'autre au baile de Vic-Dessos; et cela se faist aux dépends du pays.

» De plus, sera besoin de pourvoir seurement au chasteau de Mérens, selon les occurrences, d'autant que le roi d'Espagne s'en vient à Barcelone, et l'on craint qu'il ne veuille attenter quelque chose es-costès de ça et mesmement s'il rencontre quelque occasion propre. »

Nous trouvons, au reste, la preuve de ces intentions peu bienveillantes des rois d'Espagne à l'égard de la vallée d'Ax dans plusieurs chartes du pays, où il est dit : « que le danger
» venait des chateaux-forts que le roi d'Espagne avait aux
» frontières où tenaient garnison de méchans gens, bando-
» liers, de sac et de corde qui ne craignent rien de faire, et
» leur est permis de tenir bandols ordinaires au dit pays de
» frontières, que donnent beaucoup de vexations et font plu-
» sieurs pilleries aux-dits habitants. »

Ce qui n'empêchait point ces habitants de vivre quelquefois en bonne intelligence avec leurs voisins des vallées espagnoles. Ils se fêtaient, s'envoyaient, tous les ans, des adresses amicales, s'accordaient réciproquement le droit de

passerie; et quand les deux royaumes étaient en guerre ouverte à cause des querelles de leurs rois, ils s'avertissaient des dangers d'invasion que les uns ou les autres pouvaient courir. Leur commerce, entr'eux, était autorisé, même en temps de guerre.

Le sieur d'Audou comprenait si bien cette nécessité qu'avaient les deux peuples d'établir des relations amicales, qu'il ajoute, dans son rapport au roi, le paragraphe suivant :
« Ladite ville d'Ax ne se peut passer du trafic d'Espagne, qui
« fait que les habitants désirent extrêmement y pouvoir aller
« avec libre accès, dont ils ont fait requeste, afin d'y porter
« et en rapporter tout ce qui se pourra recouvrer pour leurs
« commodités. »

LA VALLÉE DE LORDAT.

La vallée de Lordat est située à dix kilomètres environ d'Ax. En suivant la route qui conduit de cette dernière ville à Foix, on s'arrête au village de Lassur, et, prenant la droite du voyageur, on arrive, après quelques minutes de marche, aux limites de cette jolie petite vallée dont les villages d'Urs, de Vernaux, d'Axiat et de Garanou composent les habitations.

Au commencement du XIIe siècle, les comtes de Foix établirent leur suzeraineté sur la vallée de Lordat, non plus comme souverains du pays, mais bien comme simples seigneurs. Nous voyons, en effet, qu'en l'année 1142, un nommé Guillaume de Salles, fils de Raymond de Salles de Lordat, institue pour son héritier Roger, comte de Foix. A cette époque, des maisons seigneuriales possédaient en fief presque toutes les vallées du haut pays, et cela antérieurement même à la constitution des comtes; de sorte que ces derniers ne parvinrent à établir leur puissance et leur domination qu'en s'alliant avec les membres de ces maisons seigneuriales. C'est ainsi qu'en l'année 1172, Roger-Bernard I, comte de Foix, ne dédaigna point de donner sa fille en mariage à Guillaume-Arnaud de Marquefave. Dans ce contrat figurent, comme signataires, *très nobles et très puissants seigneurs* Pons de Lordat et Raymond son frère, le même, sans doute, dont il est parlé plus haut. Toutes ces familles seigneuriales, dont les noms nous sont restés, jouissaient, comme on voit, d'une grande considération auprès de la maison des comtes de Foix.

Au reste, la famille des seigneurs de Lordat avait déjà acquis une telle importance vers la fin du xiie siècle, qu'il s'était établi des alliances entr'elles et la maison d'Aragon. Ce fut par suite des rapports d'intérêts qui avaient existé entr'elles que le roi d'Aragon, par une charte datée du 20 décembre 1196, donna en franc alleu à Guillaume de Lordat le château de Lagardia. Cette suzeraineté particulière d'Alphonse II, roi d'Aragon, sur certains lieux en deçà des Pyrénées, a porté Surita, historien espagnol, à avancer que ce prince tenait sous sa domination diverses provinces du versant septentrional de nos montagnes.

La vallée de Lordat avait déjà, à cette époque, une importance historique telle, que nos chroniqueurs ne la désignent plus que sous le nom du Lordadais. Le comte de Foix lui-même, Raymond-Roger, en mariant son fils Roger-Bernard avec Ermessinde, fille d'Arnaud, vicomte de Castelbou ou de Cerdagne, assigne, dans le contrat de mariage passé à Tarascon le 10 janvier 1202, pour douaire à sa belle-fille le *Lordadais* avec tout le pays de là jusqu'aux confins de ses états vers les Pyrénées. La puissance des seigneurs de Lordat était déjà si bien assise qu'elle dominait celles des seigneurs des vallées environnantes. Pendant les premières guerres des Albigeois, elle fut plusieurs fois invoquée dans les moments les plus critiques. C'est ainsi qu'en décembre 1220 Roger de Rabat emprunte à Raymond de Lordat une somme de 200 sous *toulsas* (toulousains), et lui assigne en garantie une rente sur Saurat ; deux ans après, Raymond de Ravenac vend à Guillaume de Lordat et à ses enfants tout ce qu'il possédait au lieu de Prades ; enfin, Roger-Bernard, comte de Foix, en faisant sa soumission entre les mains du vice-légat du Pape, donne pour gage de sa parole et livre à son corps défendant les châteaux de Lordat et de Montgrenier.

Cependant l'autorité comtale faisant des progrès, les seigneurs qui l'avaient servie à leurs dépens devinrent plus tard victimes de leur dévouement. Ainsi, l'année 1249, nous voyons Bernard de Lordat faire donation de tous ses droits seigneuriaux sur le domaine de Lordat à Roger Rotfer, sous la condition expresse que ce seigneur paiera toutes ses dettes. Et comme si cet engagement n'eût pas suffi, deux années plus tard et par suite, sans doute, du mauvais état des affaires de la maison de Lordat, Guillaumette, fille de Bernard-Raymond de Salles de Lordat, donne encore à Roger, comte de Foix, les droits la compétant sur la seigneurie de Lordat. Ce ne fut pas, au reste, la seule cession que les membres de cette famille firent à la maison de Foix. Quatre ans après, Raymond-Guillaume et Arnaud-Guillaume de Lordat lui cédèrent également tous leurs droits sur la seigneurie et château de Lordat, sauf l'église de Sainte-Marie et le terroir compris entre cette église et les montagnes, et depuis les montagnes jusqu'au château, « lesquelles montagnes et pâturages, dit une charte,
« furent délimités entre la famille de Levi, remise en posses-
« sion de la seigneurie de Mirepoix, et le comte de Foix, par
« compromis passé le 25 avril 1256. »

Mais comme le zèle des inquisiteurs ne se ralentissait point dans le haut pays de Foix, et que, d'un autre côté, les seigneurs, à leur instigation, étaient obligés de faire la guerre aux sectaires qui avaient été épargnés, le comte de Foix, cédant lui-même à une volonté supérieure à la sienne, ordonna nominativement au bailli et aux consuls de Lordat de sévir contre toute personne soupçonnée d'hérésie. Ce qui fait supposer que la vallée de Lordat renfermait alors des sectaires des Albigeois. Il paraît que Pierre-Amélien de Lordat se montra si dévoué, par suite de ces prescriptions, à soutenir les intérêts du comte, que Roger-Bernard III lui donna en reconnaissance, à son avènement au pouvoir, le village de Prades, situé à l'extrémité de la vallée, avec ses dépendances, ne se réservant seulement que l'hommage.

Dans l'enquête qui eut lieu le 7 juillet 1273, par-devant les trois sénéchaux de Foix, de Carcassonne et de Toulouse, pour connaître les limites du haut pays, nous voyons désignée comme suit la seigneurie de Lordat : « Entre ces limites sont…
« la vallée de Lordat, où se trouvent le château de *Lordato*
« et les villages de Arcia (*Axiat*), Apino (*Appy*), Sanconaco
« (*Saint-Conac*) et Cayssax (*Caychax*) ; la vallée de Lordat,
« où sont les villages de Lusenaco, Garano (*Garanou*), Vernaus (*Vernaux*). » Ces différents villages composaient ainsi les localités qui formaient alors la vallée, et qui, toutes, existent encore de nos jours.

Cette enquête avait eu lieu pour forcer le roi d'Aragon, au nom du roi de France, à se dessaisir des châteaux qu'il tenait sous sa domination, et probablement avec le consentement tacite du comte de Foix, qui ne voulait pas être dépouillé de ses domaines impunément, soit par les inquisiteurs, soit par le roi de France. Or, il est dit dans le diplôme qui institue le sénéchal de Villars pour engager le roi d'Aragon à se dessaisir des châteaux en question : « que le roi d'Aragon avait donné

« le commandement des châteaux du haut pays à Raymond
« de Cardonne. Celui-ci fut sommé de les livrer aux officiers
« du roi. Pierre de Villars, sénéchal de Foix, avait cité à Ta-
« rascon, vers le milieu de juillet, les châtelains de Lordat,
« Calames et Montreal-de-Sos et les gouverneurs d'Ax et de
« Merens pour avoir à lui livrer ces places.

« Le seul châtelain de Lordat comparut, et s'excusa sur ce
« qu'il tenait le château de Raymond de Cardonne sous l'hom-
« mage du comte de Foix, et qu'il ne pouvait s'en dessaisir.
« Sur cette réponse, de Villars mit hors la loi ces gouver-
« neurs comme traîtres au roi. Ces gouverneurs étaient, pour
« *Lordat*, Pierre-Roger de Mirepoix, chevalier.... »

Cette charte nous révèle, en outre, un autre fait historique
assez important, en ces termes :

« ..... Quand les inquisiteurs du royaume de France ins-
« truisaient les procédures contre les hérétiques dans le pays
« où sont lesdits châteaux, ils faisaient conduire les accusés à
« Carcassonne. Durant les anciennes guerres, le père du roi
« actuel de France occupait le château de Lordat par un
« agent, comme le prouve un ancien titre revêtu du sceau
« royal. En présence d'aussi respectables témoignages qui
« viennent corroborer l'état présent des choses, voudriez-
« vous porter une atteinte aux bons rapports qui vous lient
« (vous, roi d'Aragon,) avec le roi de France, et cela sur des
« *récits fabuleux* de quelques habitants ?.... »

L'année 1281 vit naître la ligue qui se forma entre le comte
de Foix et les principaux seigneurs du versant méridional des
Pyrénées pour entreprendre la guerre contre le roi d'Aragon.
Les préparatifs terminés, on commença l'expédition, qui ne
fut pas heureuse ; car le comte Roger-Bernard ayant été fait
prisonnier à Balaguer, près la Seu-d'Urgel, il se trouva à la
disposition de son ennemi, le roi d'Aragon, qui voulait sou-

tenir ses prétentions sur quelques domaines du haut pays de Foix. Dans cette circonstance, le comte de Foix, prisonnier, craignant une surprise de sa part, et afin de mettre son comté à l'abri de toute attaque du côté des frontières, écrivit à Marguerite de Moncade, sa femme, pour qu'elle mît ses places fortes, Lordat, Foix, Montréal, Montgrenier, en état de défense.

Mais tandis que le pays cherchait à s'opposer à une invasion dont le roi d'Aragon le menaçait, le roi de France, dont la politique était profondément absorbante, contraignit l'épouse du comte, au lieu de mettre elle-même ces châteaux en état de soutenir une bonne défense, de les lui livrer. Et comme une pareille pression de la part du roi pouvait paraître trop étrange, Philippe III, ayant pourvu ainsi à toutes les éventualités, écrivit lui-même à Roger-Bernard pour lui dire qu'il n'occuperait ces châteaux que l'espace de deux ans, et qu'il les ferait garder à ses frais. Deux ans après, et conformément à sa promesse, le comte de Foix n'étant plus prisonnier, le roi de France ordonna à son sénéchal de Carcassonne et aux officiers sous ses ordres de remettre le comte en possession de ces susdits châteaux, qui étaient les plus importants et les mieux fortifiés de tout le pays.

Roger-Bernard, qui se montrait très jaloux des droits régaliens qu'il prétendait pouvoir exercer malgré l'opposition des officiers du roi, tint, en 1295, une cour de justice dans la chambre de sa tour, à Pamiers, devant laquelle comparurent des faux-monnayeurs arrêtés dans le consulat de Tarascon. Parmi ses barons et ses officiers qui lui servirent d'assesseurs dans cette procédure qu'il instruisit lui-même, nous trouvons Guillaume de Lordat, son sénéchal. A peine ce procès fut-il terminé, les Anglais ayant paru sur les côtes de l'Océan, à la suite de la guerre d'Aquitaine, qu'une armée fut levée pour s'opposer à leur marche. Le comte de Foix fut un des premiers à en faire partie avec plusieurs de ses barons, au nombre desquels figurait Sicard de Lordat. C'est au retour de cette expédition que le roi de France rendit au comte de Foix les châteaux de Lordat et de Montréal, pour le récompenser des services qu'il lui avait rendus dans la guerre de Gascogne. Ces châteaux avaient été retenus comme gage de la parole donnée par le comte au roi Philippe, arbitre au sujet d'une contestation qui s'était élevée entre Roger-Bernard et le comte d'Armagnac.

Cependant l'hérésie, qui avait pris naissance vers 1120 dans le pays de Foix, et qui de 1209 à la fin du XIIIe siècle avait été poursuivie avec toutes les rigueurs, se réveilla dans le cours de l'année 1312 plus vive et plus acharnée, et occasionna de nouvelles poursuites et de nouveaux malheurs. La vallée de Lordat et toutes celles du haut pays furent infestées par l'hérésie, au point qu'une surveillance active était exercée tous les jours dans ces montagnes par les officiers du roi et du comte. C'est par suite d'une confiscation exécutée pour crime d'hérésie que Bernard-Pierre de Lordat, qualifié de *surbailli de Sabartés*, procéda à l'inventaire des meubles de Bernard Barravy et de Guillaumette, sa femme.

La maison de Lordat jouissait déjà, à cette époque, d'une grande considération auprès du comte de Foix, et les villages de la vallée se trouvaient, par suite de cette faveur spéciale, comblés de privilèges et de franchises. Ainsi, Gaston I étant mort l'année 1315 lorsqu'il se rendait à la guerre de Flandre, sur l'appel que lui en fit le roi de France Louis-le-Hutin, son fils Gaston II lui succéda. Mais comme il fallait au jeune prince, à peine âgé de sept ans, un homme habile qui présidât non-seulement à son éducation, mais encore à l'administration de son comté, Raymond de Lordat fut choisi par préférence. Le premier acte de ce tuteur ou premier ministre fut de payer les dettes que le comte de Foix, père de Gaston II, avait faites partout où il avait trouvé quelque crédit. Ainsi, il existe dans les archives de Boulbonne une quittance du 27 mai 1320, qui porte que Raymond de Lordat solda pour lui un à-compte de 7180 sous barcelonnais, empruntés au seigneur de Vic.

La montagne d'Hucobre, dans le Lordadais, devint ainsi un fief honorable donné par Bertrand de Bordes, lieutenant du comte de Foix, à Arnaud d'Aspes, damoiseau. Cette concession fut suivie de bien d'autres encore. L'acte qui mentionne cette donation ajoute que la montagne d'Hucobre confronte avec les montagnes de François de Lévi, le ruisseau de Fontalbe, Coiman et la colline d'Héners.

Les routiers qui infestaient alors le pays occasionnèrent dans la vallée de Lordat de grands crimes. Pour les faire cesser, Gaston-Phœbus, comte de Foix, nomma Bertrand de Verniole, sénéchal du comté, son commissaire extraordinaire pour se transporter en 1368 à Foix, Tarascon et Lordat, pour y connaître des crimes et délits au sujet desquels on avait adjugé des amendes au comte.

Le chroniqueur Arnaud Squerrer, en faisant la description du comté de Foix, en 1456, fait mention de la châtellenie de Lordat, qui, sous le règne de Gaston-Phœbus, était, disait-il, la plus importante du pays. Elle comprenait, selon cet écrivain, « Lourdat, Axiat, Bernaux, Garanou, Lassur, Urs, Bè-
« bre, Sorsadel, Luzenac, Unac, Savenac, Cossou, Api,
« Sancounac, Caychax. » Toutes ces localités, comme on voit, dénotent quelle était l'étendue du Lordadais pendant le moyen-âge. Son importance était encore telle à la fin des guerres de religion du xvie siècle, que dans son rapport adressé au roi Henri IV, le sieur d'Audou, gouverneur de la comté de Foix, s'exprime de la manière suivante :

« Le château de Lordat est si grand qu'il ne se peut rui-
« ner ; d'ailleurs les paysans d'alentour font quelque subside
« à Sa Majesté, à cause de la retraicte qu'ils doivent y avoir
« en leur nécessité. Il semble qu'il serait bon de le laisser en
« garde aux subjets, lesquels seraient tenus d'eslire un per-
« sonnage solvable d'entr'eux qui serait pourvu en titre de
« capitaine par Sa Majesté : ce qui se renouvellerait en chas-
« que défaillant. En ce fesant, ledit subside se continuerait
« et les gages s'en épargneraient. Autant s'en pourrait-il faire
« du chasteau de Montgaillard. Lesdits gages ensemblement
« peuvent monter à près de six ou sept vingts écus. »

Nous verrons bientôt quelles ressources offrait la vallée de Lordat sous le rapport, soit de l'agriculture, soit de la garde des frontières, soit des autres avantages qu'on pouvait en retirer comme pays-frontière.

LA VALLÉE DE VIC-DESSOS.

La vallée de Vic-Dessos est traversée par la rivière du même nom, qui prend sa source au port Nègre et vient se jeter dans l'Ariége auprès de la ville de Tarascon. Elle s'ouvre à la jonction de ces deux rivières, à la gauche du voyageur qui descend de la vallée de Lordat par la route d'Ax à Tarascon, et va se fermer au pied des montagnes de Salcix, d'Auzat, de Montcalm et de Siguer. Pour la parcourir, on suit la route pittoresque que les états de Foix ont percée jadis à travers les rochers avec la sape et la mine. Le torrent qui la traverse dans toute sa longueur n'est pas une de ses moindres curiosités. Cachée parmi les arbres, dans le lit profond qu'elle s'est creusée entre les rampes ardues des montagnes granitiques toutes sillonnées de cavernes, la rivière n'y trahit sa présence que par le bruit de ses soubresauts à travers les cailloutages et le minerai que lui jettent incessamment avec fracas les torrents pyrénéens découlant des cimes neigeuses.

Mais c'est surtout auprès de Tarascon, lorsqu'on se trouve dans l'étroite gorge où s'élève l'établissement d'Ussat, qu'on est frappé de l'aspect désolé de la montagne immense et toute de granit qui s'élève en face. De distance en distance, dans les flancs déchirés de ce rocher titanesque, on voit s'ouvrir, comme de larges bouches, des cavités qui, la plupart, servent de retraite aux ours. Suivant la tradition, à l'époque où le pays était envahi par les Sarrasins, les chrétiens s'étaient retirés dans ces sombres cavernes, dont plusieurs conservent encore de nos jours quelques traces de fortifications.

Parmi ces grottes, une seule présente une sorte de régularité, et trahit le travail de la main de l'homme par un assemblage de moëllons qui lui donnent une apparence régulière : c'est le porche de la grotte des Échelles, grotte merveilleuse, immense. Étroite d'abord à son entrée, elle s'élève et s'élargit tout à coup, à ce point qu'il n'existe pas de cathédrale dont la voûte soit plus hardie ni la nef plus spacieuse. Rien n'est plus vaste, plus sonore, plus régulier que cette immense salle soutenue par des piliers sveltes et toute étincelante de stalactites.

L'histoire de la vallée de Vic-Dessos, qui commence ainsi sous les auspices de ces merveilles de la nature, est bien autrement importante encore. Il faut remonter au commencement du xe siècle, c'est-à-dire à l'origine même des comtes du pays de Foix, pour se faire une idée exacte de ce qu'était alors la vallée de Vic-Dessos. A cette époque, et tandis que Vodalric ou Godalric vendait ou cédait à Arnaud, fils d'Asnard, comte du Comminges et chef de la famille des comtes du pays, le village de Bèbre avec son église consacrée à saint Pierre, situés dans le ministériat de Lordat (966) ; tandis que, plus tard (1007), Pierre, second fils de Roger, premier comte de Foix et évêque de Gironne, cédait à son frère aîné Raymond la moitié de toutes ses possessions, consistant, vers le Sabartés, dans les églises de Prades, de Saurat, de Bèbre, de Garanou, de Lassur, de Sentenac, de Ganac, de Serres, de Cadorcet et de Sainte-Marie-du-Lordadais, un Sanche établissait sa domination seigneuriale dans la vallée de Vic-Dessos.

Antérieurement à cette prise de possession féodale, et tandis que plusieurs localités de Sabartés étaient tombées en mainmorte, quelques-unes se maintinrent libres de toute domination seigneuriale. Au nombre de ces dernières, nous citerons celles de Montréal-de-Sos, d'Ax et de Tarascon. Elles furent, sans doute, soumises plus tard à l'autorité des comtes de Foix, qui absorbèrent successivement toutes les oligarchies particulières de la contrée ; mais leur pouvoir y fut limité par les abbés seigneurs de divers domaines et des églises, dont le riche casuel leur revenait : ce qui établissait, au reste, les abbés en luttes constantes avec les barons du pays. Nous trouvons une preuve de l'immense richesse des premiers dans une bulle datée de Maguelonne, de l'année 1118, par laquelle le Pape Gelase II confirme une donation faite à l'abbaye de La Grasse par Charlemagne ou par Charles-le-Chauve. Dans ce titre, il est dit expressément que l'abbé de La Grasse devient possesseur des églises de Saint-Pierre de Mérens, Saint-Vincent d'Ax, Saint-Pierre de Prades, Sainte-Marie de Rabat, etc. (1). Or, ces quatre localités se trouvaient déjà, à cette époque, dans la dépendance de l'administration qui régissait les trois vallées d'Ax, de Lordat et de Vic-Dessos, où elles sont situées. Déjà, en 1136, les Templiers avaient établi une mense dépendante de celle de Villedieu, à Capoulet (*Capuleyo*), village sis dans la vallée, entre Tarascon et Vic-Dessos.

---

(1) Bened. *Histoire générale du Languedoc*, tom. II, p. 103.

Cependant l'autorité comtale pénétra, dans la suite, dans l'administration de la vallée de Vic-Dessos, et cela par le fait même des petits seigneurs qui se voyaient absorbés par la puissance de leur suzerain. C'est ainsi que dans le mois d'août de l'année 1244, un seigneur nommé Guillaume de Junac, village situé dans la vallée, fait hommage de son château et de sa terre à Roger, comte de Foix et vicomte de Castelbon.

Il paraît néanmoins qu'à la suite de la guerre des Albigeois, et alors que le roi d'Aragon retenait les principaux châteaux du haut pays, ne voulant point s'en dessaisir sur la demande du roi de France, la vallée de Vic-Dessos fit, de son côté, une très-forte opposition à ce dernier monarque ; car il est dit dans le diplôme qui établit de Villar commissaire pour amener le roi d'Aragon à se dessaisir des châteaux en question :

« Que les commissaires signifient encore à ce dernier que
« lorsque le châtelain de Tarascon entra dernièrement, au
« nom du roi de France, dans la vallée de Sos pour y rece-
« voir le serment de fidélité des habitants, il envoya à cet
« effet, par un officier du roi, à Raymond Batailla, châtelain
« de Montréal-de-Sos, l'ordre écrit de se présenter devant lui.
« Celui-ci, traitant cet émissaire en ennemi, le retint prison-
» nier et l'est encore.

« Le gouverneur de Tarascon l'a fait réclamer : Batailla a
« répondu qu'il le gardait et qu'il en arrêterait bien d'autres.
« Bien plus, non content de cette première injure, il a fait
« chasser du pied de Montréal le châtelain de Tarascon et
« les autres officiers du roi qui étaient avec lui, et les a faits
« poursuivre l'espace d'une lieue à coups de pierres et de
« *carrals* (scories de fer). »

Il paraît que la résistance de Batailla ou Bataillé ne fut point punie, puisqu'en 1285 on lui permit de vendre à Sicard de Belpech une partie de son domaine, comprenant Château-

Verdun et les lieux de Génat et Aliat, sis dans la vallée de Sos, dont les mines étaient déjà alors en pleine exploitation. Tandis que Philippe-le-Bel maintient par provision le comte de Foix dans l'usage de faire travailler aux mines de la contrée et principalement à une mine d'alun, de son côté Roger confirme les priviléges dont jouissait depuis longtemps la vallée de Vic-Dessos. A l'appui de cette assertion, M. François (1) cite une charte par laquelle Roger-Bernard, comte de Foix, autorise, en 1293, les habitants de la vallée de Sos de faire et préparer tous leurs instruments pour cultiver la terre, et de se servir, à cet effet, de toutes les forges et forgeurs. Il s'interdit, en outre, le droit de mettre aucun subside ou impôt sur le fer, à moins que les ferriers ou les mineurs ne se soient exposés à quelque punition pécuniaire. Il donne enfin aux habitants de la vallée le droit d'user, en toute propriété, des terres, eaux, bois, charbons, etc., etc.; d'établir même des bains.

L'année 1300, Gaston, comte de Foix, tint un plaid à Vic-Dessos, en présence de Sicard de Lordat, chevalier, Pierre Scabra de Niaux, Arnaud Maumy de Tarascon et Raymond Aornaco, notaire de Sos, au sujet du refus que formulaient les habitants de Miglos de ne point reconnaître Bernard de Son et sa femme pour leurs seigneurs ; et cela à cause des usages et des priviléges dont ils avaient joui sous leurs anciens seigneurs. Le comte de Foix, ayant entendu les parties, décida que les habitants de Miglos payeraient à leur seigneur, pour l'indemniser des frais du procès, 55 livres ; en outre, qu'ils resteraient taillables de Bernard de Son et de ses successeurs de la même manière et coutume que l'étaient ceux de Mérens et de Saurat vis-à-vis de lui-même, Gaston.

---

(1) François. *Recherches sur le gisement et le traitement du fer de l'Ariége*, pag. 347.

Le 20 septembre de l'année suivante, la vallée de Vic-Dessos fut gratifiée de nombreux priviléges par le comte de Foix. Parmi ces priviléges, nous trouvons qu'il accorda aux habitants de Vic et Nabe l'usage et faculté de couper du bois ; de faire paître les bestiaux dans toutes les montagnes, pâturages et bois de la vallée de Sos, sous la condition qu'ils n'y feraient pas du charbon et ne laisseraient point entrer leurs troupeaux sur les terres cultivées. Il voulut, en outre, que le bailli et les consuls de Sos connussent des dommages occasionnés par l'infraction à ces règlements.

Il paraît, toutefois, que ces priviléges se trouvèrent restreints par les obstacles qui y mettaient, selon leurs caprices, Raymond de Bordes et Pons de Villemeur, qui possédaient des terres dans Ginébat, Saleich et Vic-Dessos. Ces deux seigneurs figurent dans l'acte qui fait mention des vassaux qui rendirent hommage à Gaston, fils de Roger, à son élévation à la dignité comtale, pour les terres de sa mouvance.

Les habitants de la vallée de Vic-Dessos, jaloux de leurs priviléges, ne craignaient pas, pour les faire respecter, d'en venir aux voies de fait, lorsque l'occasion se présentait. La seule propriété qu'ils reconnaissaient sur leurs montagnes, c'était la propriété communale ; et encore était-elle fondée pour eux sur l'étendue des besoins locaux et limitée par eux. Que les habitants d'un même village eussent un droit exclusif sur le pâturage et la forêt qui les avoisinaient, ils le concevaient et l'approuvaient par l'exemple de leurs propres nécessités ; mais qu'une localité étrangère s'arrogeât ce droit, que l'administration comtale y prétendit à son tour, voilà ce qu'ils ne comprenaient pas et ce qu'ils contestaient.

Cette manière d'envisager leurs droits, qui n'a pas changé depuis des siècles dans le haut pays de Foix, se manifesta, en 1305, dans la circonstance suivante. Des montagnards du bourg de Vic-Dessos, d'Arconac, d'Auzat et de Sauzel, avaient dirigé leurs troupeaux vers les dépaissances de Laburat sur lesquelles ils croyaient avoir des droits. Les habitants de Laburat repoussèrent par la force cette prétention. Mais la vallée entière de Vic-Dessos se souleva comme un seul homme; on prit les armes, l'on en vint aux mains, et force resta à ceux de la vallée. Les vaincus eurent aussitôt recours aux voies judiciaires; mais le juge de la comté les condamna.

Ce ne sont pas les seules contestations que les vallées du haut pays de Foix eurent, au sujet de leurs montagnes, sous le régime féodal. On voit les conseils politiques des diverses vallées et villages faire respecter les droits de ceux qui leur confiaient la défense de leurs intérêts. C'est ainsi que les seigneurs de Château-Verdun ayant voulu empêcher, en 1305, les habitants de la vallée de Miglos d'exercer certains usages sur les montagnes de Gudannes, une lutte très-vive s'engagea entr'eux, à la suite de laquelle intervint la transaction suivante.

D'une part, les seigneurs de Château-Verdun, qui étaient alors Guillaume Arnaud, damoiseau, Pierre Arnaud, chevalier; de l'autre, Raymond Baby et Raymond Gouzy, syndics de toute la vallée de Miglos, nommèrent pour arbitres Raymond de Celles, chevalier, et Bernard de Junac. Il fut décidé dans cette transaction que les habitants de Miglos auraient le droit de couper du bois de construction pour leur usage particulier, de faire paître leurs troupeaux, d'établir des cabanes, et d'user, en un mot, du terroir qui s'étend depuis celui de Miglos jusqu'à la rivière d'Astou et à la Gunarde; qu'ils pourraient, en outre, faire des fagots au bois de *Costo-Razo*, mais qu'il leur était interdit d'élever des cabanes et de faire reposer leurs troupeaux au-delà du lieu de *Cirval*. Il leur fut également défendu de vendre aux étrangers le bois coupé, de recevoir d'autres troupeaux que les leurs et de faire du charbon, sous peine d'une amende de cent sous toulsas.

Toutefois ils ne devaient jouir du droit de forestage qu'aux mêmes conditions que les vassaux des co-seigneurs de Château-Verdun; et lesdits seigneurs devaient recevoir, du vacher de la vallée de Miglos, la quantité de fromages auparavant convenue. Cet acte fut passé à Tarascon, le 6 des calendes de juin 1305. Nonobstant cette sentence arbitrale, trois ans après, Raymond de Béarn, sénéchal du comté de Foix, en rendit une autre pour faire respecter les droits de cette vallée, que les co-seigneurs de Verdun commençaient de nouveau d'enfreindre, et chargea Arnaud Sicre, châtelain de Tarascon, de la faire exécuter.

Cette même année, 1307, le comte de Foix établit trois dépôts de sel de roche de Cardonne dans la contrée, à Foix, à Tarascon et à Ax, avec défense à ses vassaux d'aller en prendre ailleurs, sous peine d'une amende de 60 sous. Il donna la ferme ou administration de ces salines à Arnaud Beguin, sous la condition que les bénéfices résultant de la vente seraient partagés entr'eux.

La question des droits de dépaissance et de forestage s'agitait toujours dans ces temps où la propriété était si restreinte pour les communautés. Nous en trouvons un exemple dans le fait suivant. L'abbaye de Boulbonne avait envoyé un troupeau de 2,000 bêtes à laine sur les montagnes de Vic-Dessos. Les habitants de la vallée refusèrent de l'admettre dans leurs pâturages. Gaston, comte de Foix, sollicité par les moines de Boulbonne, donna aux châtelains et aux consuls de la vallée l'ordre formel de les recevoir, se basant sur une semblable autorisation que Roger-Bernard son père avait autrefois donnée aux religieux de ce monastère.

Gaston II, comte de Foix, accorda une charte qui porte la date du 14 août 1355, au sujet des mines de fer du pays, et cela sur la demande et enquête de son sénéchal Raymond d'Alby. Celui-ci ayant réuni les consuls et habitants de *l'universalité et du peuple de Vic-Dessos*, ils lui demandèrent : 1° qu'avant tout, le seigneur comte leur confirme et approuve, à tous et à chacun de ladite vallée, les libertés que le seigneur Gaston, de bonne mémoire, son père et ses prédécesseurs leur ont attribué pour être éternellement durable ; 2° qu'il leur accorde la liberté d'être exempts, dans toute la comté de Foix et son ressort, de tout paiement de leude et de tout impôt ; 3° que les hommes de Vic-Dessos et tous ses habitants puissent passer de la terre de Vic-Dessos sur la terre de Palhars, vicomté et comté de Palhars, avec leurs mulets, marchandises et animaux impunément et sans payer aucune leude, gabelle, guidage ou guide....

Le sénéchal, au nom du comte, leur accorde toutes ces demandes, avec cette restriction néanmoins que, « pour la mine que lesdits habitants emporteront, ils payeront la leude comme les autres étrangers qui exporteront la mine.

« De même lesdits habitants seront tenus de payer la leude des fers de ladite mine comme les personnes qui habitent au dehors de ladite vallée. De plus, le seigneur sénéchal accorde qu'on use de ladite minière de la même sorte qu'on use de la minière de Château-Verdun, c'est-à-dire que ledit comte ne puisse, en aucune façon, donner à un homme, domestique ou étranger, un trou ou minière de fer, soit ancien, soit nouveau, dans la vallée. Il établit, en outre, que l'exposition de la mine qui sera à vendre soit en un lieu communal appelé le Pré de Vic, et qu'elle ne puisse être vendue ailleurs par personne. Enfin, il permet que tous les hommes puissent emporter trois quintaux pour deux deniers tolosains par quintal de 150 livres, payables pour la leude au pas du Sabart ou ailleurs. »

Le comte Gaston parut attacher une grande importance à

l'exploitation des mines, puisqu'à la suite de cette charte nous en trouvons d'autres sur le même sujet. Ainsi, nous lisons, à la date du 25 mai 1341, un projet de donation de la part du comte de Foix à Guillaume Barre, damoiseau, Bernard Traversier et autres, des mines d'argent de la vallée de Vic-Dessos, avec faculté de se servir de tout bois excepté de celui de la forêt de Goulier, appartenant au comte, qui, en outre, se réserva le dixième de ladite mine. Il était encore à la veille de partir pour l'Espagne, où Alphonse, roi de Castille, l'avait invité à se rendre afin de l'aider à combattre les Maures, lorsqu'il ordonna le 17 avril 1342 à son sénéchal et à son trésorier d'ôter les mines d'argent des mains de ceux qui ne les travaillaient point pour les inféoder à d'autres.

D'un autre côté, il enjoignit de plus fort encore de faire travailler aux mines de fer de Vic-Dessos, Saurat et autres lieux, et de laisser transporter la mine dans la vicomté du Couserans et ailleurs, sous la garantie d'un droit ou leude prélevé à son profit.

L'année 1345 vit se produire de nouveau les prétentions de Raymond de Venco, seigneur de Junac, qui établissaient, disait-il, le droit qu'il avait de faire paître, lui et ses vassaux, tous leurs troupeaux, et de couper du bois sur les montagnes de Miglos et d'Axiac. Mais les habitants de cette dernière vallée s'y opposèrent énergiquement. De sorte que la justice ordinaire du seigneur de Miglos s'en mêlant, les premiers furent déboutés de leurs prétentions. Pons de Villemur, de la famille seigneuriale de Saint-Paul de Jarrat, fut élevé à la dignité de cardinal en 1350. Il avait pris l'habit de chanoine régulier dans la cathédrale de Pamiers, et avait été prieur de Vic-Dessos. Nommé évêque de Pamiers en 1348, il se démit, deux ans après, de cette charge, et mourut à Avignon en 1355.

La vallée de Vic-Dessos subit ainsi les destinées communes du pays de Foix jusqu'à la Révolution de 89, et ses habitants ne se livrèrent pas moins aux travaux de leurs mines. Sous ce dernier rapport, la Haute-Ariége est d'une richesse proverbiale qui a laissé le nom d'*orpailleurs* à ceux qui recueillaient les paillettes d'or que roulent les ruisseaux et les rivières qui sortent de ces montagnes. On se fera une idée de ces richesses minérales par les études que les savants ont consacrées à les décrire. A une époque peu éloignée, en 1718, Réaumur composa sur les sables aurifères de l'Ariége un Mémoire fort intéressant dont il donna lecture à l'Académie des Sciences; les savants Pailhès et Guittard s'occupèrent du même sujet en 1750 et en 1761. L'hôtel des Monnaies de Toulouse avait seul alors le droit de fondre l'or apporté par les *orpailleurs*, qui étaient obligés de verser le produit de leurs recherches ou cueillettes au bureau de Pamiers. On leur payait l'or 86 livres l'once. Dans la suite, le prix baissa jusqu'à 72 livres; mais les *orpailleurs* vendirent alors aux Espagnols tout ce qu'ils purent recueillir.

« Depuis 1750 jusqu'en 1791, on apporta au bureau de Pamiers *dix-huit* marcs seulement; et l'on sait, dit Pailhès, que la monnaie de Toulouse recevait autrefois *trois cents marcs* par an des orpailleurs de l'Ariége et du Salat. Le gain des orpailleurs était alors d'*une livre dix sous* par jour en temps ordinaire, et de *six livres* lorsque les rivières et les ruisseaux débordaient. »

Mais l'industrie principale, celle qui enrichit les trois vallées d'Ax, de Lordat et de Vic-Dessos, c'est-à-dire presque tout le haut pays de Foix, est sans contredit l'industrie du fer. Le sieur d'Audou, gouverneur du comté sous Henri IV, l'avait si bien compris que, dans son rapport au roi sur cette contrée, il dit qu'il faut non-seulement tenir en obéissance Tarascon, qui est à l'entrée des trois vallées par lesquelles on pénètre en Espagne, celles d'Ax, de Vic-Dessos et de Siguer, mais encore qu'il fallait mettre l'imposition sur les mines, « chose, dit-il, qui ne se fera pas sans grande difficulté. »

Or, à cette époque on exploitait, en outre des mines de Rancié, celles de Larcat, Lercoul et Saurat, Tarascon étant l'entrepôt général de la mine. Cette persistance du sieur d'Audou, gouverneur du comté et protestant, à imposer les mines de la vallée de Vic-Dessos, se comprend parfaitement lorsqu'on sait que ses habitants et ceux de la vallée de Siguer s'étaient soulevés en masse, quelques années auparavant, contre les calvinistes du Bas-Pays. Quoi qu'il en soit, l'industrie métallurgique a fait, depuis cette époque, des progrès immenses dans cette partie des montagnes (1).

Ainsi, de nos jours, la richesse des mines du haut pays de Foix est incontestable. Depuis Malus, maître de monnaie de Bordeaux, qui, sur l'ordre d'Henri IV, en parcourut toutes les vallées et les chaînes qui les dominent, et qui reconnut dans les unes des mines de fer et de plomb *tenant argent*, dans d'autres des mines d'or, de cuivre, d'étain, d'azur de roche, d'arsénic et de marcassite, ce qui lui fit dire que ces mines étaient au moins aussi riches que celles du Potose ; jusqu'à Diétrich qui, deux siècles plus tard, publia des recherches curieuses en deux volumes in-4°, tous les savants, au nombre desquels il faut citer M. Picot de Lapeyrouse et M. François, qui vient de faire paraître, sous le titre de *Recherches sur le gisement et le traitement des minerais de fer*, un ouvrage remarquable sous

---

(1) Selon M. d'Aubuisson Desvoisins, ingénieur en chef des mines, la fameuse mine de Rancié fournissait annuellement 50,000 quintaux métriques de fer d'excellente qualité pour la cémentation, ce qui supposait l'exploitation de 150,000 quintaux métriques.

tous les rapports, ont reconnu les richesses des mines du pays de Foix. C'est, au reste, à l'ouvrage de M. François que nous renvoyons pour connaître tous les détails concernant les travaux et les produits des mines.

Mais il est encore d'autres branches d'industrie qui servent à distinguer avantageusement la vallée d'Ax et les vallées environnantes. Outre le commerce suivi que leurs habitants entretiennent avec l'Espagne pour toutes sortes de denrées, pour les fers, les laines, etc., ils se font remarquer encore comme éleveurs de chevaux connus sous le nom *de Tarascon*, et principalement des mules, dont il se fait un trafic fort lucratif.

On conçoit maintenant pourquoi les habitants des vallées ariégeoises se sont montrés dans les temps anciens et se montrent encore si jaloux de leurs pâturages et de leurs forêts. Les forêts et les pelouses sont pour eux l'unique richesse. Comment faut-il que le régime forestier vienne entraver cet élan de prospérité commune ? Nous devons en indiquer les causes.

Pour le montagnard, qui vit loin de tout gouvernement établi, dans la liberté de la nature primitive, le bois de ces forêts est, comme l'herbe des pelouses, l'eau des torrents et les oiseaux du ciel, la propriété de qui vient le prendre. Il y a d'ailleurs quelque chose qui lui parle bien haut dans son cœur : c'est la nécessité. La nature l'a fait naître dans un pays où le travail est insuffisant pour le nourrir, mais où de vastes terrains qu'il ne peut cultiver lui offrent des ressources providentielles, et il en conclut le droit d'en profiter. La seule propriété qu'il reconnaisse sur ces montagnes, c'est la propriété communale, et encore est-elle fondée pour lui sur l'étendue des besoins locaux et limitée par eux.

Il sait que dans les temps les plus reculés ses pères ont usé à leur gré de cette liberté. Dès le xve siècle, il est vrai, l'autorité royale avait voulu s'approprier les forêts de ces montagnes. Mais les maîtrises des eaux et forêts n'existèrent longtemps que de nom ; et dans le conflit des juridictions seigneuriales avec la chambre du domaine et les parlements, les habitants, comme nous l'avons vu, commencèrent à jouir, non sans luttes ouvertes, de leurs priviléges. La fameuse ordonnance de 1669 essaya, il est vrai, de mettre fin à ce que le grand roi, dans son despotisme envahisseur, devait regarder comme un abus. Mais la force des choses l'emporta sur la volonté royale, et en 1789 il régnait dans le régime des forêts la plus grande liberté.

Jusqu'à la Révolution, les communes et les seigneurs avaient vendu pour d'innombrables usines, forges, soieries, etc., non-seulement des coupes, mais des forêts tout entières que l'industrie avait fait disparaître. Les bergers, pour accroître leurs pâturages, avaient mis le feu à d'immenses étendues de bois qui firent place à de belles pelouses ; ainsi, la hache et l'incendie détruisaient les forêts et empêchaient la nature, si puissante dans ces régions, de réparer le mal fait par les hommes.

Ce fut d'après ces considérations que la loi du 16 nivôse an IX réorganisa l'administration forestière. Ses agents commencèrent alors à revendiquer, au nom de l'Etat, la propriété de presque toutes les forêts des Pyrénées. On joignit aux anciennes prétentions domaniales celles du clergé et des seigneurs émigrés dont l'Etat avait confisqué les biens. On compulsa tous les vieux titres, on recueillit tous les arrêts du parlement, et après bien des procès contre les communes, le domaine rentra dans la propriété de forêts immenses qui, disait-on, avaient été usurpées. Usurpées sur quoi ? Sans doute sur l'ancienne théorie monarchique : *toute terre appartient au roi*, renouvelée sous la forme plus moderne de l'unité nationale. Il n'y avait donc de changé que les noms.

Il est vrai que, pour ne pas décliner tout-à-fait l'autorité des faits, on avait généralement reconnu aux communes des droits d'*usage*, disposition qui leur laissait en apparence ce qui devait leur importer le plus, en ne réservant à l'Etat que la surveillance. Mais ces droits, présentés comme une tolérance, étaient loin de satisfaire les exigences locales. Si le gouvernement n'avait dû que protéger les forêts et les sauver de leur ruine, au lieu de les exploiter à son profit, il n'eût pas eu besoin d'exproprier les communes; il lui aurait suffi, pour cela, de son droit suprême de contrôle.

Dès que l'Etat eut été reconnu maître légitime de la plupart des forêts des Pyrénées, ses agents firent exécuter dans toute leur rigueur les règlements forestiers. A tout moment amende prononcée, soit pour une branche coupée en fraude, soit pour une vache surprise dans un taillis; et comme les délinquants mis à l'amende étaient presque toujours trop pauvres pour la payer, il s'ensuivait et il s'ensuit encore bien des mois de prison, et conséquemment bien des rêves de vengeance. La promulgation du nouveau code forestier, en 1827, mit le comble à l'effervescence qui s'est continuée jusqu'à nos jours, au milieu d'évènements plus ou moins tragiques. La question si grave des forêts est donc loin d'être encore décidée.

Aussi n'est-il pas étonnant que dans un pays où la surface de la terre est insuffisante à la nourriture de ses habitants, leur industrie se soit retournée de plus en plus vers les ressources cachées dans ses entrailles, vers les mines. Ainsi que nous l'avons déjà constaté, l'exploitation de la mine de fer de Rancié a longtemps fait la fortune de la vallée de Vic-Dessos. En ce moment, l'extraction de ce minerai occupe un petit peuple de mineurs qui a son organisation, ses règlements, et qui est remarquable par l'adresse, la discipline et l'intrépidité qu'il déploie dans ses travaux souterrains. Les forgeurs sont presque tous du haut pays, et c'est là une remarque importante à faire. Ils se répandent dans les diverses usines du département, et composent avec les charbonniers et les mineurs une sorte de grande famille vouée à l'exploitation du meilleur fer que produise la France. Mais, par une fausse spéculation, à ce fer travaillé au marteau on substitue ailleurs, au moyen de contrefaçons habiles, un mélange de fonte que l'on fait passer pour du fer de l'Ariége. Les forges de Vic-Dessos s'épuisent ainsi à soutenir une concurrence de plus en plus difficile, et des populations vouées au travail des mines depuis des siècles, autrefois aisées, chôment ou sont le plus souvent en souffrance.

Cette énergique persistance du montagnard ariégois à défendre ses priviléges, à vivre d'une vie dure et laborieuse, se révèle dans tous les actes de son individualité, dans son caractère comme dans ses mœurs et son langage. Dur pour lui-même, infatigable à la peine, il subit les influences de son climat et de ses montagnes avec le stoïcisme d'un homme convaincu et qui semble ne soupçonner d'autre existence que celle de la nature : aussi rien ne saurait l'arrêter dans son emportement; l'élan de ses passions bonnes ou mauvaises procède en lui en ligne directe. Le montagnard ariégeois est encore primitif.

La preuve de ce fait éclate dans son langage même, qui ne s'est pas modifié depuis des siècles. Il est presque le même que celui qui est inscrit dans ses chartes en langue patoise. La chronique de Squerrer, écrite en 1456, nous offre un modèle de la langue parlée, dans le haut pays, à une époque déjà loin de nous; et cette langue revit encore de nos jours dans toute sa native simplicité. L'article, les terminaisons dont le son mouillé *ch, sch* se trouve à la fin de beaucoup de noms de lieux, comme *Fouïch* (Foix); certaines inversions empruntées à un idiôme primitif, et l'accentuation forte de certaines syllables prononcées en traînant qui témoignent de l'habitude où sont les montagnards de prolonger le son de la voix pour se faire entendre au loin, dans leurs vallées, sont des preuves de son originalité.

Et cependant ce patois n'est autre qu'une des mille nuances de la langue romane. Lorsque Rome succomba sous les coups des barbares, il survécut de ses débris de nombreux matériaux qui servirent à reconstruire dans les Gaules une civilisation et une langue nouvelles. Alors la langue romane prit naissance de la décomposition de la langue latine. Informe d'abord, embarrassée, empruntant des expressions latines qu'elle défigurait, complétant ses idées par des mots tirés de son idiôme maternel qui peignait bien plus vivement, à ses yeux, les idées, elle vint se mêler aux mots celtes latinisés, et à d'autres mots grecs répandus dans les Pyrénées par les Phocéens. Ces divers éléments réunis formèrent, avec les idiômes parlés par les barbares qui dominaient dans le pays, le fonds de la nouvelle langue.

Les divers dialectes nés de la langue romane ne différaient entr'eux que par le retranchement de certaines terminaisons, ou bien encore que par des redoublements et de nombreuses contractions. En veut-on une preuve? Le langage des habitants du Couserans diffère de celui des habitants du haut pays de Foix; cependant ils ne sont séparés que par une ligne imperceptible de démarcation. Ainsi, les mots que ces derniers terminent en *al*, les premiers les prononcent en *aou*: *Mal, casal*, se prononcent *maou, casaou*. Dans les noms qui commencent par *f* les Couseranais mettent *h* aspirée: *Fenno*, — *henno*. L'article féminin *la* est changé en *era*: la ville, *era bilo*. Chose assez étrange! sur la lisière du Couserans, à Aulus, à Ercé et à Massat qui touchent au comté de Foix, l'idiôme reprend les caractères qu'il a dans ce dernier pays. C'est là, en effet, que se trouvent les bornes du Languedoc et de la Gascogne. Nous remarquerons toutefois que dans la vallée d'Ax et les vallées environnantes, les traces de la langue latine subsistent d'une manière bien plus marquée que dans les vallées circonvoisines : ce qui nous serait facile d'établir en reproduisant les divers chants populaires qui ont cours dans ces montagnes.

Cette distinction, dans la contrée d'Ax, se trouve même établie par les hommes illustres qu'elle a produits et qui forment un contingent dont s'honore la science. On sait que Pons de Villemur, prieur de Vic-Dessos, d'abord évêque de Pamiers, et plus tard élevé au cardinalat, était né dans le haut pays. Arnaud Squerrer, auteur de la chronique qui porte son nom, avait reçu le jour à Miglos. Le prêtre Lascases, contemporain des guerres de religion et auteur du *Mémorial historique des événements qui se sont passés dans le comté*, de 1490 à 1640, était curé de Sem. MM. Sicre et Pilhes, qui ont tant fait pour la prospérité des bains d'Ax, étaient nés dans cette dernière ville. Le docteur Roussel, si célèbre et auteur d'ouvrages si estimés, est lui-même natif d'Ax. « Ce médecin, « dit un de ses biographes, disciple de Bordeu, en a souvent « l'inspiration et le génie. Il a revêtu de tous les charmes du « style des vérités médicales d'un ordre délicat et important. « Ses écrits, de même que ceux de Laurent Joubert et de « plusieurs autres médecins du Midi, ont une allure particu- « lière, à la fois hardie et gracieuse, qui contraste avec les « formes plus froides et plus compassées des médecins du « Nord. » Frédéric Soulié, qui a été ravi encore si jeune à la littérature et à l'art dramatique, était un enfant du pays. De nos jours enfin le haut pays de Foix se glorifie d'avoir vu naître un écrivain aussi distingué et aussi patient dans ses recherches que M. Adolphe Garrigou, auteur des *Etudes historiques sur l'ancien pays de Foix;* un représentant probe et honnête homme dans toute l'étendue du mot, tel que M. Anglade ; et un administrateur consciencieux, habile et plein de bonnes intentions comme M. Sans, maire de la ville de Toulouse. Ainsi, comme on voit, dans la contrée des montagnes de l'Ariége, des hommes remarquables n'ont point manqué, puisqu'elle en a fournis à l'église, à la science, à la littérature, à la politique et même à la guerre. Quant à cette dernière branche des connaissances humaines, il nous suffira de nommer le maréchal Clausel, dont la famille était originaire des vallées de l'Ariège.

C'est ainsi que les montagnes de l'Ariége ont toujours fourni des hommes supérieurs en tout genre. Mais la nature physique a aussi ses grandeurs. Sous ce dernier point de vue, les vallées du haut pays sont très remarquables.

Si un air plus pur, une influence plus directe de la lumière et de l'électricité sont les avantages des lieux élevés relativement à la salubrité du climat, il est évident que les hautes vallées de l'Ariége réunissent ces qualités à un suprême degré. Tout s'y ressent aussi de ces premiers éléments de la vie répandus avec profusion dans ces montagnes.

Ainsi, dans le bassin d'Ax, la végétation se fait avec la plus grande activité. On y trouve de pâturages excellents et une très-petite quantité de terre végétale qui s'insinue dans la fente d'un rocher, et suffit au développement des arbres et des plantes. Sous le rapport des végétaux et des fruits ordinaires, il ne laisse rien à désirer. Mais c'est principalement au point de vue du règne animal que les vallées hautes de l'Ariége se distinguent des vallées environnantes. Les moutons, qui paissent sur des pelouses que parfument le thym et le serpolet, ont, comme aliment, une distinction marquée. Le gibier s'y trouve en abondance ; indépendamment de l'isard, des différentes espèces de perdrix grises, rouges et blanches, les chasseurs rencontrent la gelinote et le coq des bruyères presque en tout temps ; et dans l'automne, les ramiers et les palombes.

Ce qu'il importe le plus de considérer dans ces différentes sortes de gibier, par rapport aux aliments qu'on en retire, c'est que leurs chairs sauvages ou agrestes sont très-nourrissantes, sous un petit volume, et plus légères que celles des animaux domestiques. Or, en dépit de tout ce qu'a pu dire la secte de Pythagore contre l'usage des viandes, il n'est pas moins vrai que les aliments divers que nous retirons d'un grand nombre d'animaux sont très-appropriés à l'espèce humaine, surtout sagement combinés avec ceux que nous puisons dans le règne végétal.

Les bêtes fauves telles que l'ours, le loup et le renard, se rencontrent dans ces montagnes à côté des lacs et des rivières où se trouvent la truite commune et la truite saumonée. Cette dernière espèce de poisson est renommée et a donné une certaine réputation aux eaux de l'Ariége. Le poisson que l'on pêche dans l'eau la plus pure, parmi les sables et les cailloux, dans les grandes comme dans les petites rivières, est regardé comme étant d'une digestion aisée et facile. La truite de l'Ariége, dont la chair très-blanche est délicate, agréable et légère, réunit toutes ces conditions.

Combien d'autres productions de la nature cette contrée privilégiée de nos montagnes ne renferme-t-elle point ? Une trop longue description nous ferait sortir des bornes prescrites à cet ouvrage : aussi, aimons-nous mieux renvoyer aux traités spéciaux qui s'occupent de cette matière ; et parmi ces derniers, nous citerons la *Flore des Pyrénées*, de M. Lapeyrouse, qui satisfera, d'une manière complète, tous les goûts et toutes les exigences.

CHAPITRE V.

Itinéraire aux environs de la ville d'Ax. — Lac de Fontargente. — Divers établissements de Bains. — Hôpital. — Ressources de la ville : cabinet de lecture, hôtels, etc., etc.

Maintenant que nous avons fait connaître l'histoire de la vallée d'Ax, à laquelle se rattachent tous les détails concernant ses eaux thermales et l'histoire des vallées circonvoisines, nous devons, dans l'intérêt des étrangers qui fréquentent ses bains, dire quelques mots sur l'intérieur et les environs de la ville.

Ax, comme nous l'avons déjà dit, est situé sur le plateau le plus élevé de tous ceux qu'on rencontre en venant de Tarascon ; la ville entourée de montagnes très-élevées qui la dominent, excepté à l'est-nord, apparaît au visiteur qui y arrive pour la première fois sous un aspect agréable. Un air de vie et de gaîté se répand d'abord sur toute l'étendue de ce bassin qu'on voit, pendant la saison des bains surtout, sillonné en tous sens par la foule des promeneurs et des étrangers. Des maisons aux cheminées blanches et hautes, aux toits d'ardoise, étalent dans l'étendue de leurs diverses rues un ensemble assez pittoresque. Des promenades que baigne l'Ariége, qui, à son tour, reçoit les eaux de trois autres rivières qui environnent la ville ; des sites agréables qui dominent de toutes parts ; un vallon resserré, mais délicieux, qui conduit en Espagne ; des allées touffues, des établissements qui s'élèvent avec une régularité parfaite, tel est l'aspect général sous lequel apparaît la cité des thermes d'Ax.

Mais vue de près et dans tous ses détails, la ville d'Ax se fait remarquer non-seulement par sa position pittoresque, mais encore par le grandiose et le confortable de ses constructions. Car, si nous nous portons sur la rive droite de l'Ariége, nous pouvons admirer à notre aise le doyen des établissements de la contrée : le *Couloubret*. Cet édifice, qui se distingue par la simplicité de son plan, est construit en pierre. C'est un carré long, dont la façade tournée à l'est porte une étendue d'environ trente-cinq mètres sur presque autant de largeur. Dès qu'on a franchi les portes d'entrée, un assez beau vestibule apparaît aussitôt. A droite et à gauche s'étendent des corridors dont les côtés sont occupés par de nombreux cabinets de bains très-propres, spacieux et bien fermés.

Le savant Venel visita les bains du Couloubret en 1754 ; le docteur Carrère cite un Mémoire de M. Sicre de 1758 ; la construction de l'établissement actuel date de 1780 ; enfin, M. Chaptal en fit le premier l'analyse en 1787.

Le second établissement thermal qui est situé sur la rive gauche fut construit en 1808 par les soins de M. Bouillé, chirurgien d'Ax ; mais depuis cette époque il a été considérablement agrandi et reconstruit sur un plan plus régulier. De nombreux cabinets garnissent l'intérieur de l'établissement du Teich, dont l'édifice s'élève presqu'en face la promenade et auprès des sources dont la thermalité est regardée, après celle des *Canons*, comme la plus élevée. La température de la source de l'étuve qui fait partie de cet établissement est, selon M. Fontan, de 70°,50.

Au sud-est de la ville, entre les deux premiers établissements le *Couloubret* et le *Teich*, qui en occupent l'extrémité, se trouve l'établissement du Breil. Il est construit au fond du jardin de la maison Sicre, qui a porté depuis longues années et qui porte encore l'enseigne de *l'hôtel d'Espagne*. Un des principaux agréments de ces bains consiste en ce que les baigneurs peuvent loger convenablement dans l'hôtel et prendre les eaux sans sortir de l'édifice, qui réunit, au reste, l'élégance à la commodité. Il est composé de dix cabinets, dont sept destinés pour les bains, deux pour les douches et un pour l'étuve, renfermant douze baignoires, deux douches et un bain à vapeurs. Cinq sources, distribuées en un pareil nombre de réservoirs bien clos et surmontés de voûtes en maçonnerie, y fournissent les eaux nécessaires d'une manière si abondante, que le nombre des baignoires pourrait être doublé sans que le service eût à en souffrir.

Si depuis longues années les bains d'Ax sont fréquentés par les malades et les convalescents, ils sont devenus aujourd'hui quelque chose de plus encore, car ils servent de rendez-vous à cette classe de baigneurs dont la santé réclame la distraction et l'oubli des affaires. Les embellissements de la ville, les nouvelles ressources créées pour varier les sensations et occuper les loisirs, satisfairont aux goûts de ceux qui viennent chercher, loin du mouvement tumultueux du monde, des lieux qu'habite la paix.

Pendant la saison des bains, Ax réunit tous les agréments désirables. Des hôtels et des maisons particulières offrent aux étrangers, pour les logements, tous les avantages possibles. Des tables d'hôte, servies avec goût et abondance, des chambres commodes, des cabinets de lecture où se trouvent des livres choisis et des journaux divers, des cafés, en un mot tous les agréments se sont réunis sur un point où s'agite alors une population d'environ six mille âmes.

Il est difficile de trouver ailleurs tous ces avantages, joints à toutes les commodités qui rendent les divers genres de vie possible. Aussi le mouvement des étrangers est-il considérable à dater du mois de mai jusqu'à la fin octobre, époque pendant laquelle a lieu la fréquentation des thermes. Le nombre des malades qui viennent, année commune, passer la saison des eaux à Ax, réuni à celui des étrangers qui vont visiter ses sources, et des amis ou parents qui accompagnent les malades, s'élève à 2,280 environ. Le séjour qu'on y fait est, terme moyen, de vingt-un jours.

Parmi les édifices qui font partie des établissements des bains, nous citerons l'hôpital civil, qui est très-bien tenu. Il est ouvert, pendant toute l'année, et desservi avec les soins les plus désirables. Le plus que chaque malade puisse y séjourner est huit jours, avec l'agrément du médecin-inspecteur. La haute importance des eaux d'Ax, leur puissante énergie et la gravité des maux qu'on y traite, tout a porté le docteur Alibert, médecin-inspecteur, à faire une résidence permanente pendant la saison des eaux.

Ceux des baigneurs qui ne redoutent point la fatigue et qui aiment à contempler de belles horreurs, tâchent de gravir les sentiers escarpés qui mènent aux étangs de *Fontargente,* un des réservoirs où l'Ariége prend sa source. L'aspect sauvage des lieux, la vue de ces lacs offrent un magnifique spectacle; les montagnes qui vous entourent sont décharnées et ne présentent aucune trace de végétation.

Les autres sites qu'on aime à visiter dans la vallée d'Ax sont nombreux ; et parmi ces derniers nous citerons ceux que l'on rencontre sur la route d'Espagne, vers le port de Puymorin. Nous indiquerons les autres sites mentionnés dans cet ouvrage dans la partie descriptive de la vallée d'Andorre.

LA
VALLÉE D'ANDORRE.

LA VALLÉE D'ANDORRE. (1)

CHAPITRE PREMIER.

Description topographique de la vallée d'Andorre. — Sa situation dans les Pyrénées. — Origine de ses premiers suzerains. — Elle est sous la dépendance des comtes de Foix. — Prétentions des évêques d'Urgel sur ce pays. — Comment cette vallée s'est maintenue libre et indépendante. — Diverses contestations à ce sujet.

Lorsqu'on se dirige sur la route d'Espagne, de la ville d'Ax vers l'Hospitalet, arrivé à ce dernier point, on touche à l'extrême frontière de la France. De hautes montagnes s'élèvent de toutes parts ; aucun chemin ne s'ouvre devant vous ; des forêts, des pics, de larges pelouses apparaissent çà et là à vos yeux étonnés.

Cependant, si l'on cherche un passage à travers ces barriè-

---

(1) On a peu écrit sur la vallée d'Andorre. Le premier ouvrage qu'on ait publié sur ce pays et qui a paru, sans nom d'auteur, sous le titre : *de l'Andorre*, est attribué à M. Roussillou. Il date de l'année 1823. Une copie, une réimpression, ou mieux encore, une contrefaçon de ce livre a été faite en 1842, sous ce nouveau titre : HISTOIRE DE LA VALLÉE D'ANDORRE *et de ses rapports avec le ci-devant comté de Foix*, par M. J. SANS cadet (de Bourgmadame). Nous avons publié, nous-mêmes, en 1846, dans un journal de Paris, une série de feuilletons sur cette petite république des Pyrénées ; et, dans notre *Histoire du pays et du comté de Foix*, nous avons complété, sous le point de vue historique, nos divers travaux sur cette vallée neutre si intéressante à tant de titres.

res de granit, on aperçoit dans la direction du port de *Puymorin*, c'est-à-dire vers le sommet de la plus haute montagne qui se dresse en face de vous, une ligne qui serpente autour de ses flancs boisés : on dirait un ruban argenté sur le fond d'une immense draperie verte; cette ligne est le tracé d'une route nationale qui devait mettre en relation la France avec l'Espagne. L'empereur avait, lui-même, avec ce coup-d'œil rapide si familier à son génie, indiqué ce tracé que les événements politiques ont empêché jusqu'à ce jour de réaliser en un chemin de grande communication.

En suivant cette ligne aérienne on arrive au sommet du port, sur un plateau qui domine les montagnes environnantes. Là, sur le versant opposé, si l'on plonge ses regards sur les vallées qui s'étendent à vos pieds, on aperçoit une masse sombre, noire, espèce de berceau enfermé au milieu de forêts de sapins, de chênes verts et autres arbres qui le couvrent de mystère et d'ombre : c'est la vallée d'Andorre. Circonscrite ainsi de toutes parts, elle ne s'ouvre qu'à l'extrémité opposée à votre vue, en forme de passage étroit qui la met en communication avec la ville et la jolie plaine d'Urgel. La vallée d'Andorre ne semble recevoir la lumière et le jour que par ce défilé à travers duquel apparaît le beau ciel bleu d'Espagne.

Eh bien ! cette masse sombre qu'on appelle la vallée d'Andorre, et qui apparaît à nos pieds, est située sous le 42e degré 50' de latitude, et sous le 19e degré 10' de longitude du méridien de Paris; son étendue est d'environ 48 kilomètres (12 lieues) du nord au midi, et de 52 kilomètres (8 lieues) du levant au couchant. Voici quelles étaient autrefois ses bornes : Du côté de la France, c'est-à-dire au nord et nord-ouest, il était limité par l'ancien comté de Foix; aujourd'hui département de l'Ariége; au midi, vers l'extrémité opposée de la vallée qui est en face de nous, par le pays d'Urgel, dont nous distinguons du haut du port l'échancrure qui sert de défilé ou de passage entre ces deux contrées; au sud-ouest, c'est-à-dire à notre droite, par la vallée de Pailhès qui dépendait du vicomté du Couserans ; enfin, au levant ou bien à notre gauche, par la Cerdagne espagnole et la vallée française de Carol dont nous voyons poindre d'ici le sommet de la vieille tour qui porte le même nom.

Enclavée dans ces limites, la vallée d'Andorre n'offre d'autres passages pendant la saison d'été que ceux-ci : le port de Puymorin, qui aboutit à la commune de l'Hospitalet et que nous avons gravi pour opérer notre ascension ; le port d'Auzat, qui nous conduit par Siguer à la vallée de Vic-Dessos, que nous avons décrite dans un chapitre précédent ; enfin, l'ouverture d'Urgel, qui nous indique le passage que nous pouvons prendre pour aller dans les vallées de la Catalogne.

Maintenant, si nous voulons tracer le plan de la vallée d'Andorre, elle s'offre à nos regards sous la forme d'un Y, dont la ligne principale s'appuie du côté d'Urgel, et dont les deux autres lignes commencent leur point d'intersection à Andorre, ville capitale, et se prolonge sous la configuration de deux petites vallées, à notre droite et à notre gauche, jusques aux frontières françaises. Ces deux petites vallées sont traversées, l'une qui est la plus longue par la rivière l'Embalire, et l'autre par l'Ordino, qui, prenant leur origine aux frontières de la France, opèrent leur jonction à la ville d'Andorre, chef-lieu qui a donné son nom à cette contrée, et vont se jeter dans la Sègre au-dessous d'Urgel.

Mais avant d'entrer dans les détails qui concernent la division territoriale, civile et administrative de cette vallée, faisons connaître d'abord quelles ont été ses destinées historiques.

La première question à résoudre est celle-ci : Quelle est l'origine des Andorrans ? Appartiennent-ils à cette race que

M. Garrigou appelle *ibéro-pyrénéenne*, et qui paraîtrait descendre des Basques, peuples primitifs, ainsi qu'il l'établit dans ses *Études historiques de l'ancien pays de Foix* (1) ? Ou bien ne seraient-ils point les descendants des Celtes, peuples qui auraient habité primitivement les forêts, ainsi que leur nom semble l'indiquer ? Ce qui établirait que les Celtes ou une tribu de ces peuples auraient été les premiers habitants de ces montagnes (2). Nous ne nous prononcerons point ici sur ces deux versions, ayant déjà établi ailleurs, à ce sujet, notre opinion d'une manière irréfragable, selon nous (3). Qu'il nous suffise seulement de dire que les Andorrans appartiennent à cette classification des populations *interno-pyrénéennes* que nous avons décrite dans un autre ouvrage et auquel nous renvoyons le lecteur (4).

Ce fait une fois admis, voici l'opinion que les historiens modernes ont trouvée la plus concluante touchant l'indépendance de la vallée d'Andorre, et que nous allons, sinon contredire, du moins rectifier d'une manière plus conforme à la vérité historique.

« Vers l'an 790, dit M. Roussillou (5), Charlemagne ayant fait la guerre aux Maures, les défit dans une vallée des Pyrénées voisine et parallèle de l'Andorre, qui a pris le nom de Carol de ses anciens souverains, et l'a conservé depuis sa réunion à la France.

---

(1) A. Garrigou, tome I, pag. 90.
(2) *Celtes* dérive du mot : KEILTACH, *habitant des forêts*.
(3) Voir notre *Histoire du pays et du comté de Foix*, tome I, *verbo* Andorre.
(4) *Histoire des Populations pyrénéennes*, etc., etc., tome I, page 76 et seq.
(5) *De l'Andorre*, édit. 1823, pag. 4.

« Les Andorrans, selon la tradition du pays, reçurent l'armée de Charlemagne dans la partie basse de la vallée, et la dirigèrent vers la partie montagneuse de la Catalogne. L'empereur, pour les récompenser de leur zèle, les rendit indépendants des princes leurs voisins, les délivra des Maures, et leur permit de se gouverner par leurs propres lois. »

Il ressort de cette citation deux faits qu'on peut regarder comme controuvés ; le premier en ce qu'il établit que Charlemagne défit les Maures dans la vallée de Carol. Or, il est certain que ce prince n'est jamais passé dans cette contrée, et que, lorsqu'il se rendit en Espagne pour combattre les Sarrasins, ce ne fut point par le centre des Pyrénées qu'il passa ; ce n'est qu'une division de son armée qui a pu traverser et qui traversa, en effet, le pays de Foix.

Le second fait a rapport à la concession de la grande charte qui régit la vallée d'Andorre et qu'on attribue à Charlemagne. Nous croyons, sans démentir ce qui concerne le secours que les Andorrans accordèrent à l'armée franke qui allait combattre les Maures d'Espagne, que la grande charte ne leur fut octroyée que par Louis-le-Débonnaire, si toutefois il ne faut point lui donner une origine plus récente encore.

Quoi qu'il en soit, « le fils de Louis-le-Débonnaire, ajoute M. Roussillou, que les Andorrans appellent encore Louis-le-Pieux, ayant chassé les Maures jusqu'au-delà de l'Èbre, et assuré la conquête de la Catalogne par la prise de Barcelone en 801, et par celle de Tarragone en 811, régla les affaires de cette province, nomma le comte Bera gouverneur de Barcelone, Sémofroi étant alors comte d'Urgel.

« Le roi fit cession à Sizébut, évêque d'Urgel, d'une partie des droits que Charlemagne s'était réservés sur toutes les paroisses et dépendances de la vallée d'Andorre, tant pour lui que pour ses successeurs. Dans cette cession, il fut stipulé que la moitié de la dîme des six paroisses qui composent cette vallée appartiendrait à l'Évêque d'Urgel, et l'autre moitié (la ville d'Andorre exceptée) au chapitre de l'église cathédrale, que les Maures avaient détruite et que le prince fit rebâtir à ses frais.

« La moitié de la dîme de la ville d'Andorre fut donnée à un des principaux habitants qui avait rendu les plus grands services aux armées françaises. Cette portion fut appelée et porte encore le nom de *droit carlovingien*. Elle est possédée aujourd'hui, sous le même titre, par la famille de don Guillem, le plus riche d'Andorre. Il existe aussi en Catalogne des portions de dîmes qui furent cédées par Louis-le-Débonnaire à des séculiers, en récompense de leurs services, et qu'on appelle encore Droits Carlovingiens. Ce fut lors de cette cession, dont le titre existe dans les archives de l'évêché d'Urgel, que Louis régla le mode de gouvernement et les droits qu'il réservait tant pour lui que pour l'évêque d'Urgel.

« S'il faut en croire les traditions du pays, ces réglements se sont conservés sans altération, et sont encore en vigueur dans ce moment. Il a existé quelques différends entre le prince et l'évêque d'Urgel ; car, depuis la cession faite par Louis-le-Débonnaire, les évêques d'Urgel ont pris ce titre, et les princes français celui de suzerains d'Andorre. Mais ces différends n'avaient pour objet que leur plus ou moins de droits, et étaient étrangers à l'administration intérieure, qui existe encore telle que Louis-le-Débonnaire la régla en 824.

« Possidonius succéda à l'évêque Sizébut, après sa mort arrivée en 840 ; il eut pour successeur Florent, le troisième évêque qui jouit des droits établis par nos rois. A cette époque, Vecifrédo, premier de ce nom, était comte de Barcelone, sous la souveraineté de la France ; et deux de ses fils eurent les comtés d'Urgel et de la Cerdagne, et respectèrent toujours l'ouvrage de Charlemagne et de Louis-le-Débonnaire. »

Rien ne prouve que les comtes de Barcelone aient eu, depuis Charlemagne, le moindre droit de suzeraineté sur l'Andorre, qui, par sa position toute exceptionnelle, et, sans doute aussi, pour des services rendus à la cause franke, durent de n'être point inquiétés par les suzerains voisins dans l'exercice de leurs libertés. D'un autre côté, la féodalité n'éleva d'autres prétentions sur ce pays que celles d'avoir ses habitants au nombre de ses voisins fidèles, leur pauvreté leur servant d'ailleurs de garanties contre la rapacité des seigneurs, bien plus encore que leur grande charte inscrite sur parchemin. Combien d'autres peuples qui avaient des droits non moins acquis que les Andorrans qui ont vu leurs titres déchirés impitoyablement!

« Les comtes de Foix, dit enfin le même auteur, exerçaient les droits de la couronne de France.

« Il est difficile de savoir comment les comtes de Foix acquirent, dans la suite, les droits que Louis-le-Débonnaire s'était réservés sur cette vallée. »

Cela n'est pourtant pas bien difficile à connaître; car, pour savoir comment les comtes de Foix ont été suzerains de l'Andorre, il suffit de remonter à l'origine même de cette suzeraineté, en invoquant les faits historiques eux-mêmes dans ce qu'ils ont de plus simple et de plus catégorique.

Quelle était l'origine des anciens suzerains de l'Andorre et, par suite, des comtes de Foix? Ils étaient issus des rois de France; donc ils devenaient de droit successeurs et héritiers de Louis-le-Débonnaire. En voici la preuve.

Wandrille, fils d'Artagalard, issu lui-même, d'après la charte d'Alahon, de Clotaire II, avait épousé, vers l'année 774, Marie, fille d'Asnard, comte de Jaca. Il eut de ce mariage quatre enfants, au nombre desquels s'en trouvait un du nom d'Aton. Or, celui-ci, qui épousa Eynzéline, vers 845, portait le titre de comte de Pailhas, d'où sortirent plus tard, ainsi que nous le verrons, les vicomtes de Castelbon, suzerains d'Andorre, et qui transmirent dans la suite leur vicomté à la maison de Foix.

Ainsi, d'après cette charte consentie en 845 par Charles-le-Chauve, empruntée au cardinal d'Aguirre et transcrite par les Bénédictins, il est évident que Wandrille descendait en ligne directe par les mâles de Clotaire II, un des rois de France de la première race; et que les contrées limitrophes du haut pays de Foix étaient gouvernées par les enfants de ce Wandrille (1).

En effet, nous voyons qu'en 867, un seigneur du nom d'Athon, s'était emparé des biens appartenant à l'abbaye de Saint-Volusien de Foix, située entre l'Ariége et Larget, monastère dépendant alors de celui de Saint-Tiberi, près de Béziers. Un concile fut tenu à Narbonne relativement à cette spoliation; et dans ce concile, Athon fut condamné à restituer le monastère dont il s'était emparé. Qu'était-ce que cet Athon, si ce n'est le fils de Wandrille dont parle la charte d'Alahon et qui était vicomte de Pailhas? Il faut donc conclure encore que la famille de cet Athon, issue de la lignée mérovingienne, commandait non-seulement sur l'Andorre, mais de plus sur toutes les gorges et terres qui sont dans l'intérieur des montagnes entre l'Espagne et la France.

Telle est la véritable origine du droit de suzeraineté que les comtes de Foix ont eu sur la vallée d'Andorre. Nous verrons ce fait se démontrer encore d'une manière plus évidente.

Charlemagne voulant reconstituer l'ancien royaume de Tou-

---

(1) A. Garrigou: *Etudes historiques sur l'ancien pays de Foix*, tome I, pag. 43 et 44.

louse en faveur de son fils Louis, surnommé le Débonnaire, créa, en 778, un nouvel état sous le nom de royaume d'Aquitaine. En conséquence, il divisa le pays en comtés, vigueries, ministériats, etc., etc.; les marches de Gascogne et les marches d'Espagne, dans lesquelles se trouvait enclavée la vallée d'Andorre, eurent leurs chefs, au nombre desquels se trouvait Wandrille dont nous avons déjà parlé. L'Andorre en fut détachée plus tard pour être placée sous la dépendance du comté de Pailhas, devenu, dans la suite, le vicomté de Castelbon. Ce pays ne sortit ainsi de ces deux suzerainetés que pour rentrer dans celle des comtes de Foix.

Il reste donc ceci de bien établi : que si les évêques d'Urgel ont conservé les droits que leur octroya Louis-le-Débonnaire sur la vallée d'Andorre, droits qui consistaient à s'intituler princes de cette vallée et à percevoir la moitié des dîmes des six paroisses, la nation française, de son côté, a hérité du droit de patronage que lui ont transmis les comtes de Foix, descendants directs de Louis-le-Débonnaire.

Aussi M. Roussillou est-il dans l'erreur lorsqu'il s'exprime de la sorte : « Il est difficile de savoir comment les comtes de « Foix acquirent, dans la suite, les droits que Louis-le-« Débonnaire s'était réservés sur cette vallée ; mais on peut « croire que dans les temps où les grands vassaux de la cou-« ronne s'attribuèrent beaucoup de droits et empiétèrent sou-« vent sur ceux de leurs souverains, le comte de Foix, voisin « de l'Andorre, *et y possédant des biens*, dut y exercer les « droits que le souverain s'était réservés. »

Nous savons, au contraire, que les droits régaliens exercés par les comtes de Foix sur cette petite république, dataient de l'origine même de leur race que nous avons vu remonter jusqu'à Clotaire II. Quant aux priviléges primitifs accordés à l'Andorre, pays limitrophe de celui de Foix, priviléges qui ont été conservés jusqu'à nos jours, nous ne pouvons mieux expliquer ce phénomène étrange d'une indépendance aussi continue, qu'en citant l'opinion d'un écrivain moderne à ce sujet.

« Si l'Andorre, dit-il, s'est maintenue en république, se gouvernant par ses propres habitants, il faut l'attribuer à sa position géographique et peut-être aussi aux proportions si mesquines ou à la pauvreté de son territoire. Lorsque finit le royaume d'Aquitaine, l'Andorre se trouva frontière immédiate du royaume de France et d'Aragon...... Le voisinage immédiat des deux royaumes a été la sauvegarde des libertés andorranes.

« Le comte de Castelbon, d'une part, celui de Foix de l'autre, l'un au nom des rois d'Aragon, l'autre au nom des rois de France, successeurs des anciens rois d'Aquitaine, étaient des sentinelles avancées qui veillaient constamment à la garde des anciens priviléges de ce petit pays, et empêchaient, en opposition l'un de l'autre, les empiétements et les violences : c'est là le motif le plus rationnel de sa constante neutralité.

« L'Andorre ne commença donc à voir son indépendance attaquée que lors de l'union des maisons de Foix et de Castelbon. Mais ces atteintes furent peu sérieuses, car les habitants, accoutumés à se gouverner par eux-mêmes et jaloux de leur liberté, veillaient sans cesse au maintien de leur antique constitution (1). »

Il est un fait incontestable, c'est que l'autorité civile était essentiellement fractionnée dans la contrée au commencement de la constitution des comtes de Foix. Nous voyons, en effet, en 1047 un Bernard, de la maison de Foix, et qui s'intitu-

---

A. Garrigou, *Etudes sur le pays de Foix*, tom. I, pag. 55.

lait vicomte de Cerdagne, disputer au comte de Cerdagne lui-même, Raymond, une partie du territoire de Mérens. En 1196, Alphonse II, roi d'Aragon, établit sa suzeraineté particulière sur certains lieux en-deçà des Pyrénées, et notamment en donnant à Guillaume de Lordat, en franc alleu, le château de Lagardia. Enfin, le comte d'Urgel était sans cesse en guerre avec Raymond-Roger, comte de Foix, au sujet de leurs possessions interno-pyrénéennes, si bien que ce dernier se détermina, pour faire cesser toutes leurs contestations, à son retour de la Terre-Sainte, à mettre de son côté l'évêque d'Urgel. Ainsi, il fut convenu en 1194, entre Raymond-Roger, comte de Foix, et Bernard Castello, évêque d'Urgel, qu'ils jouiraient tous les deux par indivis de l'autorité seigneuriale sur l'Andorre. Ce qui nous porte à croire que le comte d'Urgel leur disputait cette suzeraineté, c'est que l'évêque remercia le comte de Foix de ce qu'en plusieurs circonstances il avait pris les armes en sa faveur contre celui d'Urgel.

Ce fut aussi à l'occasion des guerres incessantes que se faisaient mutuellement ces deux suzerains interno-pyrénéens, que Raymond-Roger, comte de Foix, voulant se donner un allié dans le vicomte Arnaud de Castelbon ou de Cerdagne, maria son fils Roger-Bernard, qui fut plus tard surnommé le Grand, avec Ermessinde, fille unique d'Arnaud.

Le contrat de mariage fut signé à Tarascon le 10 janvier 1202. Le vicomte Arnaud donna à Ermessinde : 1° la comterie de Caboued et tous les autres biens qui avaient appartenu à sa femme ; 2° la vicomté de Castelbon, dont il se réserva la jouissance, excepté les vallées d'*Andorre* et de *Saint-Jean*. Le comte de Foix assigna, de son côté, pour douaire à sa belle-fille le *Lordadais*. Depuis ce moment, l'*Andorre* rentra exclusivement dans le domaine des comtes de Foix avec la vicomté de Castelbon.

Raymond-Roger, fort alors de cette alliance, attaqua dès ce moment le comte d'Urgel, le 26 février 1205. Mais il fut battu sur les bords de la Sègre, et resta prisonnier, de même que le vicomte de Castelbon, 50 chevaliers du pays et 500 fantassins (1).

Roger-Bernard, qui avait embrassé le parti des Albigeois, eut encore maille à partir avec l'évêque d'Urgel, qui, prenant pour prétexte, sans doute, le motif d'hérésie afin de se venger des droits qu'il exerçait en seul sur l'Andorre, prononça son excommunication : ce qui ne l'empêcha pas, durant son interdit, selon les Bénédictins, d'être dans les meilleurs termes avec le pape Grégoire IX, qui était en correspondance avec lui (1240). Ce fut, au reste, dans ces circonstances que l'évêque et le comte, n'étant jamais d'accord touchant leurs droits sur certaines localités de la frontière, entr'autres sur l'Andorre, deux chevaliers du pays, Raymond de Son et Bernard d'Aliou, reçurent le mandat de formuler entr'eux un traité auquel les deux compétiteurs devaient s'en rapporter, sous un dédit de *deux cents marabotins*.

Les divers arrangements que tous ces différends avec l'évêque d'Urgel rendirent nécessaires étaient intitulés *paréages* ou *pariages*, et forment encore aujourd'hui la base de tous les droits respectifs. Le plus remarquable de ces accords est celui de 1278, fait par six arbitres nommés par Roger-Bernard, comte de Foix, et par Pierre, évêque d'Urgel. Il résultait de la sentence arbitrale rendue en présence de Pierre, roi d'Aragon, qui en garantit l'exécution :

Que l'évêque et le comte pourraient percevoir tous les ans le produit d'une taille ou contribution payée par les habitants

---

(1) Bened., *Hist. du Lang.*, tom. III, pag. 113. — Marca, *Hist. du Béarn*, pag. 125.

de l'Andorre, laquelle contribution fut portée par l'évêque à une somme fixe de quatre mille sols (monnaie du comté de Melgueil), tandis que cette faculté était illimitée pour le comte ;

Que les trois quarts des émoluments de la justice, depuis l'indépendance de la vallée, seraient en commun entre les viguiers de l'un et l'autre pouvoirs, pour le civil seulement ;

Que les jugements des viguiers ou des baillis seraient portés devant un juge d'appel nommé par l'évêque, le comte statuant sur les causes purement civiles ;

Que le jugement qui intervenait sur la cause confirmait le pouvoir spirituel de l'évêque, qui s'étendait alors sur le comté de Cerdagne, ainsi que plusieurs bulles du Saint-Siége l'avaient accordé à ses prédécesseurs.

Quoique une partie de la Cerdagne eût été réunie à la France sous Louis XIII, l'évêque d'Urgel n'en conserva pas moins le pouvoir spirituel sur cette partie même jusqu'à la Révolution de 1789.

Cet accord ou pariage portait encore que les possessions du comte dans la vallée d'Andorre seraient un fief d'honneur.

Les franchises et priviléges dont les Andorrans jouissaient alors, tels que d'extraire des provisions des comtés de Foix et d'Urgel, leur furent confirmés depuis cet accord. L'évêque et le comte continuèrent de jouir de la plénitude de leurs droits, par la réunion du comté de Foix à la couronne lors de l'avénement de Henri IV au trône de France. Les Andorrans possédaient déjà certaines franchises dans le comté d'Urgel, où ils envoyaient hiverner leurs troupeaux.

Louis IX ayant cédé, par le traité de Corbeil, en 1258, ses droits de souveraineté sur les comtés de Barcelone, Urgel, etc., à Jacques, roi d'Aragon, droits dont ses prédécesseurs avaient joui depuis Charlemagne, les rois d'Aragon confirmèrent aux Andorrans les mêmes priviléges dans l'Urgel, et, par suite, les rois d'Espagne les en ont toujours laissé jouir paisiblement.

Roger-Bernard ayant ainsi réglé ses droits sur l'Andorre, se ligua avec plusieurs seigneurs du versant méridional, entreprit la guerre contre le roi d'Aragon, qui lui contestait certaines possessions au-delà des Pyrénées. Mais il ne fut pas heureux dans cette expédition, car ayant livré un combat au-dessous de la Seu d'Urgel, il fut fait prisonnier au lieu de Balaguer. Il sortit bientôt après de la prison de son ennemi, puisque, le 30 septembre 1286, nous voyons qu'il accorda à la ville de Tarascon l'immunité du droit de *leude*, *gabelle* et *péage*. Et afin de donner plus d'authenticité à cette concession, il fit notifier en même temps l'octroi de ces priviléges à son viguier d'Andorre et à ses autres officiers, pour qu'ils fissent, à cet égard, exécuter ces ordonnances. Depuis l'acte de pariage de l'année 1278, c'est le premier acte du comte de Foix qui nous fait connaître ses rapports avec son viguier d'Andorre.

Depuis cette époque, les comtes de Foix prirent dans plusieurs actes le titre de Castelbon et souverain d'Andorre. Mais Jacques, roi de Majorque et comte du Roussillon, lui ayant contesté ces qualités, ces deux princes se déclarèrent une guerre acharnée qui dura pendant deux ans. Le château de Quié et le pays-frontière de Foix étant tombés aux mains du monarque espagnol, un traité de paix, qui porte la date du 13 octobre 1308, intervint entr'eux. Il résulta de cet acte, dans lequel figura Jourdain de Chateauverdun, procureur de Gaston, comte de Foix, que Jacques remit ce dernier en possession du château de Quié et des autres domaines qui lui avaient été enlevés. Il fut néanmoins convenu, en outre, que le comte de Foix lui rendrait hommage pour les fiefs qu'il tenait de lui : ce qui prouve que le monarque espagnol avait des possessions dans la vicomté de Castelbon et peut-être aussi dans le pays de Foix.

Nous avons dit plus haut que le viguier d'Andorre recevait les ordres du comte de Foix, et que c'était en son nom qu'il rendait la justice. Depuis les temps les plus reculés jusqu'à nos jours, les viguiers d'Andorre, ainsi que nous le verrons dans la suite de cet ouvrage, étaient juges souverains, si ce n'est dans certains cas où l'appel pouvait être formé devant la cour du comte. Or, cette cour d'appel existait réellement sous le règne des comtes de Foix ; elle se trouve confirmée dans des lettres-patentes du roi de France, à la date du mois de mai 1355. Il en est fait mention de la manière suivante :

Gaston, comte de Foix, ayant demandé au roi que toutes les terres de sa mouvance fussent placées dans la juridiction de la sénéchaussée de Toulouse, au préjudice de celle de Carcassonne, d'où dépendait alors le comté, cette mutation fut accordée, mais aux conditions et sous les réserves ainsi stipulées :

« 1° Que les juges d'appeaux, que le comte de Foix *avait*
« *toujours eus* dans ce pays, continueraient de recevoir les
« premières appellations de toutes les sentences, nonobstant
« le style de la sénéchaussée de Toulouse, où on recevait l'ap-
« pel des sentences des premiers juges, des comtes et des
« barons qui étaient de son ressort ;

« 2° Qu'il n'y aurait que le sénéchal de Toulouse ou ses
« juges d'appeaux civil ou criminel qui recevraient les appels
« qui seraient portés devant eux des juges d'appeaux du pays
« de Foix ;

« 3° Que les confiscations pour crimes d'hérésie n'appar-
« tiendraient qu'au comte de Foix, comme par le passé ;

« 4° Enfin, que le comte de Foix continuerait à connaître,
« seul, du crime de fausse monnaie. »

C'est ainsi que les appels de la cour d'Andorre étaient toujours portés devant le juge d'appel du comte de Foix. Dans la suite, ce fut le parlement de Toulouse qui recevait ces appellations, comme aujourd'hui c'est la cour d'appel de Toulouse devant laquelle est porté, en dernier ressort, le jugement du tribunal andorran, dont nous ferons connaître plus tard l'organisation et la juridiction.

Après les guerres de religion du XIIIe siècle, l'Andorre devint un refuge contre les persécutions que les inquisiteurs dirigeaient contre les hérétiques ou ceux qui étaient regardés comme tels. Au nombre de ces proscrits nous trouvons un membre de la famille de Rabat, nommé Jourdain, qui exerçait les fonctions de viguier d'Urgelet dans les états du vicomte de Castelbon, en 1335.

Gaston II, à cette époque, se trouvait en Espagne pour faire le siége d'Algésiras et chasser les Maures de la Péninsule, où il avait été appelé par Alphonse, roi de Castille. Il mourut peu de temps après des fatigues essuyées dans cette guerre, et ne laissa d'Eléonore de Comminges, sa femme, qu'un fils unique nommé Gaston-Phœbus. Nous lisons dans son testament, fait à Séville, qu'il institua sa femme tutrice de son enfant, et, de plus, qu'il lui légua l'usufruit du Donasan, du vicomté de Lautrec et de l'Andorre, à condition toutefois qu'elle ne se remarierait point. Le 9 juin de l'année suivante, le jeune comte de Foix confirme à sa mère la donation faite par son père en usufruit, non-seulement des lieux et terres d'Andorre, mais encore d'Ax, de Mérens et autres localités, « et cela, dit l'acte, avec la justice le compétant sur lesdits « lieux. »

La vallée d'Andorre fut ainsi toujours maintenue dans la dépendance des comtes de Foix, si bien qu'en 1585, sous le règne d'Henri IV, l'inquisition s'y étant établie et préjudiciant aux droits du souverain, le roi de France ordonna que défense fût faite d'y introduire et d'y établir plus avant l'inquisition. Voici le fait rapporté par d'Audou lui-même, gouverneur du comté de Foix :

« Sa Majesté sera informée que l'on a mis l'inquisition ès
« terres d'Andorre du consentement des habitants : sur quoi
« je la supplie très humblement de considérer combien c'est
« enjamber sur son autorité, laquelle, si on n'y prend garde
« de bonne heure, l'évesque de la Seu d'Urgel s'efforcera
« d'anéantir le tout, s'introduisant si bien en celle qu'il a, es-
« tant en paréage avec sa dite Majesté et en celle qu'il usurpa
« d'ailleurs, qu'enfin il gouvernera tout seul.

« Le juge qui y est de présent est extrêmement vieil et
« caducq, et advenant son décès, Sa Majesté est en son rang
« de pourvoir à la justice et office de la judicature. »

Ce fut à la suite de la réformation qui eut lieu par le fait de ce rapport, que, sur une ordonnance d'Henri IV, il fut déclaré aux Andorrans que dorénavant, à l'avenir comme par le passé, ils se conformeraient strictement aux usages établis par les comtes de Foix, et qu'ils prêteraient leur serment entre les mains du commandant de la province de Foix. Il leur fut accordé, par contre, la permission d'exporter de la vallée de Vic-Dessos et autres localités du pays, sans payer des droits, « mille charges de seigle, douze cents bêtes à laine, trente « paires de bœufs et autres objets non prohibés, tels que le « minerai de fer pour alimenter et entretenir leurs forges (1). »

Cette autorisation fut, en outre, définitivement confirmée

---

(1) Henri IV, en montant sur le trône de France, réunissait ainsi le comté de Foix à la couronne, étant lui-même héritier de ce comté par Jeanne d'Albret, sa mère. L'Andorre suivit les mêmes destinées et se trouva également sous la même dépendance.

par un arrêt du conseil du 18 décembre 1767, et qui régularisa d'une manière absolue les rapports d'impôts qui existaient précédemment d'une manière si vague sous le nom de contribution féodale ou de droit féodal.

Ainsi, il fut arrêté, convenu et décidé que la vallée d'Andorre payerait, tous les deux ans, à la France, une taille ou tribut qui fut limité et fixé à la *somme de dix-huit cent soixante-dix livres*. D'un autre côté, le tribut établi en faveur du comte d'Urgel fut réglé à *neuf cents livres* payables chaque deux ans, et cela afin de ne point déroger au traité ou transaction appelée *les pariages* du 8 septembre 1278, et dont il a été parlé plus haut.

Qu'est-ce que l'Andorre aujourd'hui par rapport à la France ? C'est là une question qu'il est utile de résoudre avant d'entrer dans des détails plus particuliers concernant cette petite république. Et d'abord cette vallée compose-t-elle ce qu'on appelle un pays neutre? nullement, puisqu'elle est dépendante de la France et de l'Espagne.

A quel titre l'Espagne a-t-elle des droits sur cette vallée ? Il est évident que les évêques d'Urgel, seuls, en vertu de la concession que leur fit Louis-le-Débonnaire, avaient certains droits féodaux sur ce pays; mais ces droits étaient bornés à quelques redevances. Car, jusqu'au traité de Corbeil, en 1258, qu'étaient les évêques d'Urgel, sinon les sujets des souverains français?

En effet, par ce traité, Jacques, roi d'Aragon, cède ses droits et prétentions sur les villes et pays de Carcassonne et Carcassés, du Rasés, du Lauraguais, de Béziers, enfin sur tous les domaines qui avaient appartenu à Raymond, comte de Toulouse.

De son côté, Louis IX, en échange, cède au roi d'Aragon les droits de souveraineté « dont ses prédécesseurs, est-il dit dans le traité, avaient joui, *sans interruption*, depuis Charlemagne, » sur les comtés de Barcelone, d'Urgel, Cerdagne, Roussillon, Girone, etc., etc. Ainsi, tandis que Jacques ne cède à Louis IX que des droits chimériques, ce dernier abandonne au roi d'Aragon des droits incontestables de souveraineté.

« Par ce traité, dit avec raison M. Roussillou, les droits que
« Louis-le-Débonnaire avait cédés sur l'Andorre à un évêque,
« son sujet, se trouvèrent entre les mains d'un évêque devenu
« sujet espagnol, et qui n'en a la possession que parce que
« son évêché a fait partie de la monarchie française, et par le
« don d'un souverain français. On voit donc combien l'Espa-
« gne est non-seulement étrangère à l'Andorre, mais encore
» aux droits qu'un de ses évêques a sur ce pays. »

Que faut-il conclure d'après le traité de Corbeil? que le gouvernement français a un intérêt puissant à faire exécuter l'accord de 1278, intitulé *les pariages*, et cela dans toute la rigueur de son contenu. Qu'arriverait-il, en effet, si les évêques d'Urgel, déjà si puissants par leur voisinage, par l'influence que leurs pouvoirs spirituels leur donnent sur l'Andorre, et par le séjour qu'ils y font tous les ans, empiétaient sur les droits de la France, en dérogeant aux accords signés entr'eux et les comtes de Foix? C'est que l'Espagne, comme elle l'a déjà tenté, ferait valoir ses prétentions sur ce petit pays et nous en contesterait la souveraineté. Or, la France est intéressée sous tous les rapports, et principalement sous le rapport commercial, au maintien de ces deux clauses : l'indépendance de l'Andorre et la conservation en son entier des droits que la France a sur ce pays depuis un temps immémorial.

CHAPITRE II.

Division du territoire de l'Andorre. — Les six paroisses et les hameaux. — Population de la vallée. — Description des lieux. — Divers monuments anciens. — Armoiries et le palais de la république. — Productions et commerce. — Agriculture et industrie. — Forges à la catalane. — Las Escaldas. — Production du sol.

Le territoire d'Andorre, dont nous avons tracé la configuration, vu du sommet du port de Puymorin, se divise administrativement en six communautés ou plutôt en six paroisses, dont la juridiction est sous la dépendance de l'évêque d'Urgel, qui s'intitule : *Prince et souverain* de la vallée d'Andorre.

Ces six paroisses sont : Andorre, chef-lieu ou capitale qui a donné le nom au pays, — Saint-Julia de Loria, — Encamp, — Canillo, appelée aussi Canillan dans les vieux titres, — Ordino, nommée autrefois Ordinans, — et la Massana. Chacune de ces six paroisses renferme dans sa circonscription des hameaux, un certain nombre d'habitations isolées, plusieurs suffragances et des chapelles. Ainsi, on compte en tout vingt hameaux, dont les plus importants sont las Escaldas et Saldeu, et quarante suffragances d'où dépendent certaines habitations isolées. Ces suffragances sont des espèces de succursales sous la direction d'un prêtre nommé par l'évêque d'Urgel. Quant aux chapelles ou oratoires, on en compte huit, dont la plus remarquable est la chapelle de Mérichel, dédiée à la Vierge.

Cet oratoire attire, le 15 août et le 8 septembre, jours de la fête de Notre-Dame, un grand nombre d'Andorrans et d'étrangers qui y viennent en dévotion des vallées d'Espagne et de France. C'est un spectacle curieux et digne d'intérêt qu'offre une foule endimanchée de visiteurs qui se rend, tous les ans, dans le sanctuaire de Mérichel, situé dans un coin isolé et pittoresque de la contrée.

Chaque communauté ou paroisse possède, en outre, une ou deux de ces maisons connues en France sous le nom de Mairies, et qui sont destinées à la réunion des autorités locales. L'Andorran porte un très-grand respect à ces édifices, dont la plupart sont d'une simplicité primitive et d'une vétusté séculaire ; mais, pour lui, ils n'en sont pas moins le sanctuaire où se rend la justice et où s'exécutent les lois de la république.

Nous avons dit que l'étendue de la vallée d'Andorre était d'environ *dix lieues* du nord au midi, et de *huit lieues* du levant au couchant. Eh bien ! sa population, qui se compose de six mille âmes environ, n'est pas en rapport avec son étendue. Et, chose assez étrange, le mouvement de cette population est stationnaire. De sorte que depuis des siècles, le chiffre des naissances qui est limité entre 140 et 160 individus, ne dépasse jamais annuellement celui des morts ; et s'il arrive que cette proportion n'existe pas une année, elle se compense et s'équilibre les années suivantes : ce qui explique comment la population de la vallée d'Andorre reste toujours la même. Or, ce chiffre de *six mille âmes* est encore en rapport avec les ressources territoriales de la petite république. Un plus grand nombre d'habitants ne pourrait être nourri par les produits restreints du sol ; un nombre moins considérable romprait l'équilibre des fortunes privées, et peut-être aussi l'équilibre de la prospérité publique. Car ce n'est point un des phénomènes sociaux le moins étrange que l'existence de cette petite république à travers onze siècles de révolutions de toute nature, restant stationnaire, immobile ; toujours la même lorsque tout s'agitait autour d'elle. Nous tâcherons, dans la suite de cet ouvrage, d'expliquer ce singulier phénomène.

Maintenant faisons sur les lieux un cours de géographie, et entrons dans les détails concernant le territoire de la vallée. Ce sera pour nous un moyen simple, facile de mieux le connaître.

En descendant le port de Puymorin du côté de l'Andorre, le premier groupe de maisons que l'on trouve sur son passage, ouvert à travers d'épaisses forêts et tracé sur le flanc rocailleux de la montagne, est le hameau de Saldeu, dépendant de la paroisse de Canillo. Un amas de maisons mal bâties, sans rues et couvertes de chaume, tel est l'aspect sous lequel s'offre ce hameau. La dernière maison de chétive apparence qui se présente à notre droite a vu naître un des plus braves généraux du règne de Louis XIV, le fameux Calvo, qui défendit Maëstrich contre Guillaume, stathouder de Hollande et roi d'Angleterre. Un de ses biographes rapporte: « qu'il était le
« plus bel homme de l'armée et le plus brave. Courageux,
« intrépide, il commandait une armée et payait de sa personne
« avec le même sang-froid. Il était de la trempe des Catinat
« et des Turenne, moins la naissance. Mais il compensait ce
« défaut d'origine illustre par d'autres qualités du cœur et de
« l'esprit qui le mettaient au rang de nos premiers guerriers. »
Au reste, Louis XIV lui-même lui rendait une justice éclatante quand il disait de lui : « *Je suis sans crainte quand le brave Calvo défend une place !* »

Les descendants de ce brave général vivent aujourd'hui pauvres et oubliés dans cette chétive chaumière. La patrie de Calvo compte encore plusieurs autres hommes remarquables, parmi lesquels il faut citer les Almogabres. Le chef de cette famille, Marlos Almogabre, reçut de Ferdinand, roi d'Espagne, en reconnaissance des services qu'il lui avait rendus, le titre de grand d'Espagne et le riche domaine des Arrochs, dans l'Andalousie.

Si du hameau de Saldeu nous tournons à notre droite, nous voyons poindre à travers les feuillages des arbres un clocher et le sommet de quelques maisons blanches qui s'élèvent sur les bords d'une petite rivière : c'est Ordino. En approchant de ses murs on peut remarquer une vieille tour assez bien conservée encore et située sur un rocher; on la nomme aujourd'hui la tour de la Mèque; on croit qu'elle a été bâtie par les Maures. Aussi, selon la tradition populaire, est-elle le sujet de curieuses légendes.

En entrant dans la petite ville d'Ordino qui, du reste, est assez bien bâtie comparativement aux autres localités des vallées espagnoles, on est frappé du bruit d'un marteau qui retentit au loin. C'est le signe de l'existence d'une forge à la catalane. En effet, au-dessus de la ville, sur les bords de l'Ordino, qui descend des montagnes de la frontière française pour aller se joindre à l'Embalire, apparaît la forge de don Félip, un des plus riches propriétaires du pays. Cette forge, comme toutes celles de la vallée, est alimentée par le charbon qui provient des coupes de bois que les communautés vendent annuellement, et qui sont une des principales ressources du budget de la république andorrane. Il est même prescrit dans les règlements que chaque communauté est obligée de vendre de préférence aux propriétaires des forges qui sont sur leur arrondissement, tout le bois provenant des coupes annuelles. Ce n'est que sur leur refus que le chef de la commune peut le vendre ailleurs.

La forge d'Ordino est construite à la catalane, c'est-à-dire qu'elle est composée d'un soufflet mu par une chute d'eau, d'un fourneau où se fond le minerai au moyen de l'air transmis par un long tube en fer; enfin, d'un marteau qu'élève un long madrier mis en mouvement par une roue hydraulique. Elle est alimentée par le minerai de fer extrait de la mine de Ranfol, situé sur la paroisse de Canillo. Loin d'avoir des mineurs organisés, ainsi que cela se pratique dans la vallée de Vic-Dessos, à Ordino comme dans toute l'Andorre, chacun fait extraire du minerai selon la quantité qu'il veut et à ses frais, sans payer aucun droit. Pour cela ils ont une liberté absolue.

Mais il arrive souvent que, par défaut d'organisation, les travaux des mineurs étant faits sans intelligence, les résultats des recherches ne répondent pas aux besoins de la fabrication. Alors on a recours au minerai de la Serrène et Puymorin, dont les minières sont situées sur les plus hautes montagnes qui forment les frontières de la France et de l'Andorre, et qui sont ouvertes à la libre exploitation.

Ainsi, on emploie pour la fonte du minerai et la fabrication du fer les mêmes procédés que dans l'Ariége; et, chose assez digne de remarque, les ouvriers mêmes qu'ils ont dans leurs forges sont tous du département de l'Ariége, les Andorrans dédaignant ou ignorant cette fabrication. Mais le fer de cette vallée produit peu d'acier naturel, et de plus il est de mauvaise qualité. La cause en est sans doute en ce qu'ils ne connaissent point les procédés de la cémentation, et qu'ils n'ont pas daigné encore essayer si ce fer y serait propre, tant le progrès a peu d'empire sur l'esprit des habitants de cette petite république !

Au surplus, le fer qu'on fabrique en Andorre ne sort presque point de la vallée, ou du moins il ne dépasse point les frontières de la contrée d'Urgel, où, du reste, il se vend à très-bas prix. On ne l'emporte point en France, où il trouverait une concurrence ruineuse, et cela se conçoit facilement, ayant les fers de l'Ariége dans le voisinage.

La petite ville d'Ordino, où l'on remarque le mouvement de l'industrie et des affaires, contrairement aux autres villes de la vallée, a vu naître, au commencement du siècle dernier, don Antonio Fiter y Roussel, homme fort remarquable comme intelligence. Il composa, en 1748, une histoire du pays sous ce titre : *Manuel des Gestes de la vallée d'Andorre.* Cet ouvrage, écrit en langage du pays, qui n'est qu'un composé de l'idiome catalan et du patois vulgaire du haut pays de l'Ariége, n'a pas été imprimé. Il fut rédigé, par ordre probablement du syndic, d'après un volumineux manuscrit déposé dans les archives de la république, au palais de la vallée à Andorre.

Cet immense manuscrit, qu'il faut consulter dans les archives, d'où il ne peut sortir sous aucun prétexte, étant enfermé dans une armoire de fer, est une espèce de journal relatant les faits et gestes de tous les syndics qui se sont succédés depuis l'époque de l'indépendance carlovingienne, c'est-à-dire depuis douze siècles. Chaque syndic y inscrit les principaux faits arrivés sous son administration; et comme cette rédaction est un composé de notes sans suite, et se rattachant à des faits de médiocre importance, il arrive que la lecture de ce manuscrit est peu attrayante.

Don Antonio Fiter a mis un peu d'ordre dans ce digesto qu'il a réduit en un volume de 600 pages, dont l'original, écrit de la main de l'auteur, est déposé au palais de la vallée. Il existe, il est vrai, cinq ou six copies de cet ouvrage qui appartiennent à des particuliers; mais elles sont incorrectes, illisibles ou mal orthographiées, ce qui en rend l'intelligence fort difficile, les faits étant surtout traduits en un mauvais idiôme catalan.

Des spéculateurs étrangers avaient choisi, l'année dernière, Ordino pour y établir une maison de jeu à l'instar de Baden-Bade et des autres établissements de ce genre qui existent en Allemagne. La position de cette petite communauté sur les frontières de la France, sa situation dans le voisinage de l'Espagne et, de plus, la neutralité du pays d'où elle dépendait, tout cela l'avait fait distinguer de préférence comme étant la plus propice pour se mettre à l'abri de la loi qui interdit les jeux publics. Mais ce projet ne se réalisa point, et l'Andorre perdit ainsi un élément tout nouveau de prospérité.

Si d'Ordino on descend la vallée, après demi-heure de marche, on arrive auprès d'un rocher derrière lequel on voit s'élever une vapeur épaisse qui répand dans l'air une odeur sulfureuse, au milieu du bruit que fait la chute d'un torrent : c'est le hameau de Las Escaldas. Cette vapeur s'échappe d'une eau thermale dont la source sort d'un rocher et forme un torrent. La température de cette eau est la même que celle des Canons à Ax, c'est-à-dire qu'elle s'élève à 75°; elle a les mêmes principes minéraux et les mêmes vertus. Il a été plusieurs fois question, dans le conseil de la vallée, d'utiliser cette source thermale. Mais comme l'industrie qui repose sur des innovations n'est point en honneur dans cette petite république, et qu'on n'y admet que les choses indispensables, il est arrivé que la création d'un établissement de bains est restée sans résultat et y restera probablement longtemps encore, à moins que la spéculation d'industriels étrangers ne vienne se substituer à l'indifférence proverbiale et par trop patriarchale des Andorrans.

Le bruit qui sort du torrent, très-encaissé dans cet endroit, est répété par la mécanique d'un foulon à draps. C'est le genre d'industrie le plus en vogue et le plus en honneur dans la vallée; car on compte huit auges à foulons dans le pays. Cette fabrication, qui est aussi primitive que celle de la fabrication du fer dont nous avons déjà dit quelque chose, remonte, du moins comme simplicité, au temps d'Abraham. Car le *drap d'Andorre*, on l'appelle ainsi, est formé de la laine du pays, déjà très-grossière, et avec le procédé le plus simple de la navette. Une fois tissé, on le met dans des auges à foulons, où ils subissent la seconde et dernière opération. Cela terminé, on s'en sert pour l'usage des habitants, qui portent ainsi des habits très-lourds. On s'en sert encore pour des chaussons qui sont de la force et de l'épaisseur d'une semelle de cuir de bœuf ;

mais cette dernière qualité de drap, façonnée comme celui des habillements, ne parvient à cet état de chaussure que par la quantité et le mélange de laine employée. On attribue aux eaux de Las Escaldas une qualité toute particulière pour la fabrication de ces sortes de draps. On découvre encore auprès de ce village, non loin de la montagne d'où sourdent les eaux minérales dont nous avons parlé, des jaspes très-précieux et des mines de fer.

Lorsqu'on a dépassé le hameau de Las Escaldas pour suivre le chemin qui tourne à votre gauche, se dirigeant vers Canillo, la vallée qui jusqu'ici apparaît triste, monotone, hérissée de montagnes âpres et arides, rembrunie par le pin qui domine partout, s'offre alors sous un aspect plus riant. On se trouve tout-à-coup au milieu de prairies qu'arrosent de nombreux ruisseaux qui descendent, la plupart, en cascades du sommet des frontières françaises ; l'on est entouré de pâturages qui forment avec les arbres fruitiers qui s'élèvent dans les champs et les accidents de terrain qui vous environnent, une perspective admirable.

Canillo, d'où dépend le hameau de Saldeu, que nous avons rencontré sur notre passage en descendant le port, est une des premières paroisses de la vallée, soit par sa population, soit par la prodigieuse activité de ses habitants. La mine de Ranfol, d'où on extrait le minerai de fer, est située à deux kilomètres environ de Canillo, qui en est son chef-lieu. Cette ville (pour nous servir de l'expression adoptée dans la vallée) a une population d'environ six cents âmes qui se consacrent exclusivement à l'agriculture et à la garde des troupeaux. Aussi l'étranger qui pénètre dans son intérieur, un jour de la semaine, excepté le dimanche, est frappé du silence de mort qui règne dans les maisons. Aucun être vivant n'y donne signe de vie; on dirait une Nécropolis égyptienne. Il peut la parcourir à son aise, entrer même dans les habitations qui y sont grandement ouvertes, les examiner dans tous leurs détails intérieurs : il n'a pas à craindre d'être troublé dans ses investigations. Ce n'est que le dimanche et le soir, pendant la belle saison, que Canillo donne quelque signe de vie, car alors seulement on rencontre ses habitants dans leurs demeures.

En suivant le cours de la rivière on arrive sur les bords de l'Embaliro, qu'on voit serpenter dans la vallée ; tandis que, du côté opposé, l'Ordino suit son cours paisible et semble vouloir partager avec cette dernière rivière le droit d'arroser et de fertiliser cette contrée.

En côtoyant la rive gauche de l'Embaliro, à deux heures environ de Canillo, on aperçoit un groupe de maisons enfumées qui semblent s'étendre, se prolonger et se perdre derrière les flancs d'un rocher : c'est Encamp, auquel la forge à la catalane, dont le bruit du marteau vous assourdit par suite de l'écho qui le répète dans l'espace, donne le mouvement et la vie. Sans le marteau de la forge, la ville d'Encamp resterait inaperçue au milieu des pins, des rochers et des forêts qui la dérobent à la vue.

Il n'en est pas ainsi de la capitale de la vallée. Lorsqu'on a marché l'espace d'une heure encore, toujours sur les bords de l'Embaliro, on l'aperçoit dans le vallon, dressant sa tête fière et modeste au milieu de vergers, de prairies et d'une nature luxuriante. La ville d'Andorre est assise au confluent de l'Embaliro et de l'Ordino, au centre des trois branches de l'Y configuratif de la vallée. Un pont délabré qu'on traverse et les restes de quelques vieux remparts sont d'abord les premiers objets qui frappent la vue. Quelques noyers, des châtaigniers, des trembles qui bordent la rivière et un bosquet de bois de hêtres la protégent de leur ombrage. L'idée qu'on se fait généralement du mot de capitale lorsqu'il s'agit d'une ville, n'aboutit ici qu'à un étrange désappointement. La capitale de l'Andorre, puisqu'il faut l'appeler par son nom, n'est qu'un amas de maisons irrégulières, mal bâties et sales pour la plupart. Le plus petit village de France ne pourrait lui être comparé qu'à son désavantage. Une capitale de sept cents âmes tout au plus, et qui n'a qu'un seul édifice de quelque apparence, doit paraître une chose étrange. Il en est pourtant ainsi. Le seul édifice pour lequel nous avons fait une distinction est celui du *Palais* du gouvernement.

Suivez cette rue étroite qui forme le prolongement du tablier du pont jeté sur l'Embalire, tournez à votre gauche, et, sur un petit espace carré, vous vous trouvez en face d'un édifice vieux, sans style, n'ayant qu'une fenêtre et une porte principale d'entrée : c'est le palais de la République. Quelques meurtrières et un grand écusson en pierre placé au-dessus de l'imposte de la porte sont les premiers objets qui frappent les regards.

Cet écusson représente les armes adoptées depuis un temps immémorial par le gouvernement d'Andorre. Il est *parti* et surmonté d'une couronne de prince. D'un côté se trouvent trois pals sur un champ d'or ; de l'autre côté, deux vaches. Les pals sont les armes des anciens comtes de Foix, auxquels ils accolèrent les vaches de Béarn lorsque les droits des comtes de Foix échurent aux rois de Navarre.

Ce sont encore les mêmes armes de la maison de Foix dont on se sert dans tous les actes publics et pour l'empreinte de tous les sceaux. Il est d'usage seulement pour les passeports et pour tous les autres titres qui doivent circuler dans le diocèse d'Urgel, d'écarteler ces mêmes armes avec une crosse et une mitre, en signe de la suzeraineté qu'a aussi sur cette vallée l'évêque d'Urgel.

Si l'on pénètre dans l'intérieur du palais, la simplicité de sa division architecturale est encore plus frappante. Une petite cour ; au fond, une grand'salle meublée de bancs et d'un siége présidentiel ou syndical en bois : c'est la chambre où se réunit le grand conseil de la République ; à gauche, une autre salle qui sert de chapelle ou d'oratoire pour les grandes solennités ; enfin, un petit réduit fermé par une énorme porte en chêne chargée de ferrures, nommé les archives, tels sont les appartements du palais. Si l'ameublement est de la plus grande modestie, les murs intérieurs, les plafonds et le sol des appartements sont, eux, d'une simplicité antédiluvienne. La chaux, la brique et les planches paraissent être d'une rareté extraordinaire dans la vallée, à en juger du moins par le peu de cas qu'on en fait pour les employer dans le palais de la République.

C'est dans le petit réduit qui est contigu à la grande salle que sont gardées les archives de la vallée. Elles se composent d'un volumineux manuscrit écrit en langage du pays, et où se trouvent relatés depuis le viiie siècle tous les faits concernant les règnes de chaque syndic. Nous avons déjà dit comment Don Antonio Fiter y Roussel en fit un abrégé, en 1748, sous le titre de : *Manuel des Gestes de la vallée d'Andorre*.

Nous verrons dans la suite à quels usages sert le palais du gouvernement, à quelles époques le grand-conseil s'y réunit, comment on y rend des arrêts, des jugements et des sentences, enfin dans quel sens il faut entendre cette désignation qu'il porte : *siége du gouvernement de la vallée*.

En sortant d'Andorre, on suit le cours de l'Embalire, qui peut nous mener à la Massana, cinquième ville de la République, ou bien à Saint-Julia de Loria. La Massana ne nous offrant rien d'intéressant, nous la laisserons sur notre route, et nous irons visiter cette dernière ville, la plus jolie et la mieux située, sans contredit, de toutes les autres communautés du pays.

Elle est assise, comme une madone, à l'angle mystérieux de la partie basse de la vallée qui touche aux frontières d'Espagne. Ce n'est qu'en entrant dans ses murs qu'on l'aperçoit, tant elle est cachée par l'ombre des arbres, par la montagne et par les eaux, car de nombreuses cascades tombent du haut des rochers et forment autour d'elle un nuage de poussière liquide diamantée. Des prairies magnifiques, des ruisseaux nombreux, des bosquets de noyers et de châtaigniers lui servent de ceinture. Saint-Julia réunit ainsi tous les agréments du site aux avantages qu'il a d'être à deux pas en quelque sorte de la plaine d'Urgel.

Aussi cette communauté doit-elle à ce voisinage les bienfaits d'un commerce actif qui enrichit ses habitants, dont les relations d'intérêt avec cette partie de la Catalogne sont incessantes. On remarque à Saint-Julia une magnifique scierie de planches qui ont un grand débouché en Espagne. Elles passent pour être les meilleures de la contrée pour les travaux de menuiserie et d'ébénisterie. Il existe encore, non loin de cette usine, un édifice dont la construction remonte à une très haute antiquité. Elle est située dans la position la plus agréable et la plus pittoresque de la vallée, sur une petite éminence; on appelle cette habitation *Mont-Olivésa*. La tradition prétend que Charlemagne, s'étant arrêté quelques jours dans la vallée d'Andorre, l'habita avec sa suite.

Mais à ce sujet nous répéterons ce que nous avons déjà dit : que Charlemagne n'est jamais venu dans ces montagnes, et que la tradition est, en cela, en contradiction avec l'histoire. Or, l'édifice du *Mont-Olivésa* nous paraît avoir été plutôt la demeure de quelque riche Sarrazin qui l'habitait du temps des Maures, que le palais provisoire de Charlemagne.

Quoi qu'il en soit, Saint-Julia de Loria étant la dernière localité de la vallée du côté de l'Espagne, nous pourrions suivro le cours de l'Embalire qui va se jeter dans la Sègre à peu de distance de nous, et aller visiter la ville d'Urgel qui se montre en face avec ses jolies maisons et ses hauts remparts; mais ce serait, pour le moment, nous éloigner de notre sujet. Ne sortons pas de notre vallée d'Andorre, car aussi bien nous avons à entrer dans de nombreux détails pour la faire mieux apprécier encore.

Le territoire d'Andorre, que nous venons de décrire rapidement, s'offre, en outre, au voyageur sous différents autres aspects. Si les montagnes et des accidents variés de terrain semblent l'étreindre et le couper dans tous les sens, en revanche on y voit des ruisseaux, des cascades et des rivières qui arrosent et fertilisent des vallons délicieux, vastes et bien cultivés, sur lesquels la vue se repose agréablement. A chaque pas on rencontre des habitations semées en quelque sorte sur ce sol où la paix, le calme et le mystère règnent depuis des siècles. Des troupeaux nombreux errent de toutes parts sur les montagnes, et si l'on se perd dans ce labyrinthe de forêts, de collines, de champs et de prairies, entrecoupé par quelques chemins étroits qu'il faut deviner le plus souvent, on est toujours sûr d'y trouver l'obligeance de quelque habitant qui vous servira de fil conducteur. Là, dans ce pays, en présence de tous ces objets divers, on se sent, malgré soi, animé envers ses habitans d'une vénération religieuse.

Si l'Andorran est doux, franc, obligeant envers tout le monde, et surtout à l'égard des étrangers, la terre qu'il cultive lui est bien ingrate. Aussi ce petit peuple est-il plutôt pasteur qu'autre chose. La culture des champs y est très-restreinte, le commerce peu compris, et l'industrie dans son enfance. L'agriculture ne pouvant donc suffire aux besoins des habitants de la contrée, qui préfèrent mettre en prairies les meilleures terres des vallons, il arrive que le gouvernement lui-même est forcé de venir au secours de ses administrés afin de prévenir la disette des grains.

Pour cela il met à exécution un réglement ou plutôt une loi fort sage qui fait partie de la grande charte, dont la concession remonte au règne de Charlemagne. Par cette loi de salut public, il est défendu aux principaux propriétaires de la république qui ont des grains au-delà de leurs besoins, de les vendre ailleurs que dans le territoire et aux habitants de la république. Quelque prix qu'on leur en offre dans les pays voisins, ils sont obligés d'abord de pourvoir aux besoins de leurs compatriotes. Or, comme la production est bien au-dessous de la consommation, il arrive que le grain ne s'exporte jamais d'Andorre.

Cette interdiction est d'autant plus rigoureuse qu'elle atteint même le chapitre et l'évêque d'Urgel. On sait que d'après la charte octroyée par Louis-le-Débonnaire, et dont il est conservé une copie aux archives de l'Andorre, « ce roi fit ces-
« sion à Sizebut, évêque d'Urgel, d'une partie des droits que
« Charlemagne s'était réservés sur toutes les paroisses et dé-
» pendances de la vallée d'Andorre, tant pour lui que pour ses
» successeurs. » Dans cette cession il fut stipulé :

1° Que la moitié de la dîme des six paroisses qui composent la vallée d'Andorre, appartiendrait à l'évêque d'Urgel ;

2° Que l'autre moitié (la ville d'Andorre exceptée) appartiendrait au chapitre de l'église cathédrale que les Maures avaient ruinée et que ce prince fit rebâtir ;

3° Enfin, que la moitié de la dîme réservée de la ville d'Andorre appartiendrait à la famille de don Ramon Plandolit, un de ses principaux habitants, qui avait été d'un grand secours à l'armée française.

Par suite de ces conventions, l'évêque et le chapitre d'Urgel, ainsi que don Guilhem Plandolit, actuellement un des plus riches propriétaires d'Andorre et héritier du droit carlovingien précité, perçoivent tous les ans leur part compétente dans la dîme. Les deux premiers dixmaires ne peuvent donc la prendre en nature lorsqu'elle consiste en grains, et la transporter en Espagne.

Ainsi, il est formellement ordonné à leurs fermiers d'en faire la vente en Andorre ; et si plusieurs marchés avaient déjà eu lieu dans la ville capitale sans que la place fût approvisionnée, et que les personnes qui ont des grains à vendre eussent renvoyé les acheteurs, alors intervient la force des lois. Sur la plainte portée par deux pères de famille et formulée dans le sens de ce refus, le chef de l'autorité locale, assisté du bayle, fait ouvrir aussitôt de force ou de gré les greniers des récalcitrants, et ordonne le transport des grains sur la place publique. Il en opère lui-même la vente selon le cours ordinaire et en remet le produit au propriétaire. Ces grains consistent ordinairement en seigle et avoine, les seuls que produise le sol de la vallée, et en quelques légumes que l'on ne peut, au reste, cultiver avec succès que dans les parties basses.

Par cette sage disposition de la loi, les Andorrans n'achètent les grains étrangers qu'après avoir opéré la vente des grains indigènes. Mais, hâtons-nous de le dire, il leur en manque le plus souvent. Néanmoins, comme il est un des usages de cette république de conserver l'argent monnayé dans leur pays et d'en faire sortir le moins possible, ils supportent avec assez de stoïcisme la disette des grains.

La principale richesse de la vallée d'Andorre, ainsi qu'on peut en juger par cet exposé, ne consiste donc qu'en bestiaux qu'on élève sur les montagnes, dans de vastes prairies, et que l'on vend toujours en Espagne : ce sont principalement des bêtes à laine, des vaches et des juments, auxquelles on fait produire des mules et des mulets. Quoique les Andorrans ne soient point d'habiles éleveurs, les bestiaux n'en sont pas moins pour eux une branche lucrative de commerce.

Parmi les autres productions du territoire de la vallée, nous citerons, dans le règne végétal, les pins qui forment des forêts immenses, les trembles qui croissent sur les bords des ruisseaux, les hêtres qui s'élèvent en bosquets dans la partie basse du sol, c'est-à-dire du côté d'Urgel; enfin, les noyers et les châtaigniers que l'on cultive avec succès dans les champs aux environs des paroisses d'Andorre et de Saint-Julia de Loria. Ainsi, par ces différentes productions sur divers points, on peut juger que la température est loin d'être uniforme dans un espace aussi resserré que la vallée d'Andorre. En effet, elle est excessivement variable, au point que d'une communauté à une autre on éprouve toujours une différence très-sensible dans le climat. Selon qu'une habitation est placée, soit au pied du port de Puymorin, du côté des frontières françaises, soit à l'extrémité opposée du côté d'Urgel, soit qu'elle se trouve au centre de la vallée comme la ville d'Andorre, soit dans l'angle d'un vallon comme Saint-Julia, on a le froid, le chaud, le tempéré et l'humide le même jour, à la même heure et pendant la même saison.

Sous le rapport du règne animal, l'Andorre est très-abondante en gibier. Il n'est pas rare de voir errer, sur les flancs des plus hautes montagnes, de grandes troupes de chevreuils ou chèvres sauvages, qu'on appelle communément izards. Ils ont de nombreux passages du côté de l'Ariége où ils viennent tomber dans les embuscades que leur tendent les chasseurs de ce département. Les sangliers, les ours, les loups et les renards, ces derniers en grand nombre, foisonnent dans les parties hautes des montagnes françaises, du côté du versant espagnol. Les chasseurs andorrans prennent beaucoup de coqs de bruyère, des perdrix de plusieurs espèces, et entr'autres la perdrix blanche, décrite par Buffon sous le nom de lagopède. L'Embalire, l'Ordino et autres principales rivières sont très-poissonneuses. On pêche des truites d'une qualité supérieure dans ces différents cours d'eau, mais notamment dans le ruisseau qui coule auprès de Saint-Julia.

Mais le peu de vente de ces divers animaux de la vallée d'Andorre fait qu'ils se multiplient d'une manière effrayante. Aussi la nature est-elle, là, dans le calme de sa primitive enfance. Heureuse vallée !

CHAPITRE III.

Etat de l'Andorre après la révolution de 89. — Gouvernement de la vallée; le syndic et le grand conseil. — Son administration : les finances et les travaux publics. — La justice : le viguier, le bayle, le notaire et le juge d'appel. — Nomination et réception du viguier. — Code et procédure de l'Andorre. — Budget de la république. — Détails sur l'organisation politique de la vallée.

Depuis le règne d'Henri IV jusqu'à la révolution de 89, les rois de France avaient toujours conservé les droits transmis par Louis-le-Débonnaire sur la vallée d'Andorre, et s'étaient conformés en tout aux usages établis par les comtes de Foix, notamment à l'accord de 1278, connu sous le nom de *paréage* ou *pariage*.

Ainsi, ils faisaient rendre la justice par leur viguier et recevaient les hommages des Andorrans qui prêtaient serment de soumission et fidélité entre les mains du commandant de la province de Foix; ils exerçaient, en un mot, une véritable suzeraineté sur ce pays. D'un autre côté, le même commandant de la province leur renouvelait, *au nom du roi de France, souverain de l'Andorre*, la permission d'extraire de la contrée de Foix, sans payer aucun droit :

Mille charges de seigle; — douze cents bêtes à laine; — trente paires de bœufs; — tout le minerai nécessaire pour alimenter leurs forges; — enfin, tous autres objets non prohibés. Pour cela, ils payaient, tous les deux ans, aux rois de France un tribut ou impôt qui fut limité à *dix-huit cent soixante-dix livres*. L'évêque d'Urgel, co-partageant de la suzeraineté, imposa, de son côté, une *taille*, selon le terme de l'époque, qu'il fixa à neuf cents livres, payables également tous les deux ans, conformément au principe de la transaction ou pariage de 1278, sans préjudice toutefois de la moitié de la dîme qu'il se réservait dans son entier.

Lorsque la constitution de 1793 fut proclamée, une députation de la république andorrane s'étant présentée à Foix pour payer le tribut stipulé, les administrateurs du département ne voulurent point l'accepter et motivèrent de la manière suivante leur refus : « Attendu, dirent-ils, que cette redevance rentrait « dans l'ancien droit féodal ; que la république française avait « aboli toutes les traces de féodalité, le peuple étant désormais libre de tout servage ; attendu que l'Andorre fait acte « par ses commissaires de soumission féodale envers la république, qui ne saurait accepter une pareille bassesse ; et attendu que la royauté, seule, pouvait tolérer un semblable « oubli des droits de l'homme et des nations, refuse le tribut « offert sous forme de redevance par les commissaires de la « république andorrane. »

Ce refus était loin de satisfaire les envoyés, qui comprenaient parfaitement bien qu'en n'acceptant pas le tribut offert, la vallée perdait les droits d'entrée en franchise pour les objets stipulés dans les conventions anciennes. Or, comme les droits de la douane devaient être plus lourds que ceux que représentaient une somme d'argent entachée du mot de *redevance*, ils s'en revinrent fort mécontents de la république française, attendant des jours meilleurs pour se déclarer féodaux à bon marché.

Ce fut en 1801 qu'ils firent des démarches très-actives auprès des autorités impériales pour engager la nation française à reprendre l'exercice des anciens droits que les rois avaient eus sur leur pays. Ils n'exigeaient en échange que deux choses : la protection de la France et l'acceptation du tribut qui les affranchissait de toutes les entraves de la douane. De plus, ils demandaient un viguier français et le renouvellement de tous les rapports existants avant la révolution. Les deux commissaires andorrans, don Jouan Poussy d'Ordino et don Picard d'Encamp, membres du conseil souverain, qui furent députés à cet effet auprès du préfet de l'Ariége, ne manquèrent pas de faire valoir, en outre, l'attachement que la petite république avait toujours montré à l'égard de la France ; sa neutralité pendant nos dernières guerres françaises ; enfin, la résistance courageuse dont ils firent preuve à l'égard des Espagnols qui voulaient violer leur territoire et les soins qu'ils prodiguèrent à nos prisonniers qui s'échappaient de leurs mains pour rentrer en France.

La demande des deux commissaires andorrans, rédigée en forme de supplique, fut envoyée immédiatement à Paris et mise sous les yeux de l'empereur, qui rendit, le 27 mars 1806, un décret où il est dit que :

« Vu la demande des habitants de la vallée d'Andorre, tendant à être rétablis dans leurs anciens rapports d'administration de police et de commerce avec la France, il est ordonné ce qui suit :

« Art. 1. Il sera nommé par nous, sur la présentation du ministre de l'intérieur, un viguier pris dans le département de l'Ariége, et qui usera de tous les priviléges que les conventions ou l'usage lui avaient attribués.

« Art. 2. Le receveur-général du même département recevra la redevance annuelle de 960 fr.

« Art. 3. La faculté est accordée aux Andorrans d'extraire annuellement la quantité de grains et le nombre de bestiaux dont l'arrêt du conseil de 1767 leur avait garanti l'extraction.

« Art. 4. Trois députés des Andorrans nous prêteront serment, chaque année, entre les mains du préfet de l'Ariége, que nous autorisons à cet effet par le présent décret.

« Art. 5. Nos ministres de l'intérieur, des finances, des

relations extérieures sont chargés, chacun en ce qui les concerne, de l'exécution du présent. *Signé* NAPOLÉON. »

A cet arrêté fut annexé le tableau suivant des objets que les Andorrans avaient la permission d'importer avec la franchise de tous droits de douane et autres, mais avec cette seule condition que ces objets n'auraient d'autre ent... que celle qui est sous la surveillance du bureau de la douane d'Ax.

Ainsi, il leur était permis d'entrer : grains, 1,000 charges ; — légumes, 50 charges ; — brebis, 1,200 ; — bœufs, 60 ; — vaches, 40 ; — cochons, 200 ; — mulets, 20 ; — muletons, 50 ; — chevaux, 20 ; — juments, 20 ; — poivre, 1,080 kilogrammes ; — poisson salé et notamment du congre, 2,160 kilogrammes ; — enfin, toile, 150 pièces.

A la suite du décret de 1806, l'empereur nomma un viguier français qui fut revêtu de tous les titres et pouvoirs de ses prédécesseurs. Depuis cette époque, la France prit sous sa protection la République d'Andorre, et respecta toujours sa neutralité ; de son côté, le conseil souverain envoie tous les ans deux commissaires à Foix pour payer le tribut et prêter le serment convenu entre les mains du préfet de l'Ariége. On a dérogé ainsi aux anciens usages qui établissaient que la redevance serait acquittée tous les deux ans. De plus, l'ancien tribut, qui était porté à *dix-huit cent soixante-dix livres,* a été réduit aujourd'hui à la somme seulement de 960 francs, tous les ans. Les Andorrans donnent à ce tribut le nom d'*abonnement.* Mais comme le nom ne fait rien à la chose, il est évident que ce tribut est loin de représenter l'équivalent des sommes que percevrait la douane sur les objets qui sont admis en franchise.

Dans tous les cas, si la France n'a eu qu'à se louer des bons procédés de la République andorrane à l'égard de nos soldats français pendant les guerres d'Espagne, c'est-à-dire depuis 1808 jusqu'en 1815, de leur côté, les Andorrans n'ont jamais invoqué en vain la protection de notre gouvernement. Ainsi, le territoire de la vallée ayant été menacé, en 1822, dans ses droits par les autorités espagnoles, le conseil souverain eut recours à notre viguier français pour demander au roi Louis XVIII sa bienveillante intervention, comme étant acquise d'avance de plein droit à leur pays.

Il est dit dans la supplique adressée au roi de France, *suzerain d'Andorre*, « qu'en défendant l'indépendance de ce petit
« État, Sa Majesté défendra ses droits et sa propriété propre,
« les Andorrans étant de tous les temps ses fidèles sujets. »
Cette supplique porte la date du mois de février 1822.

Nous pouvons maintenant entrer dans les détails concernant le gouvernement de cette petite République, et faire connaître son organisation intérieure. Quelques publicistes ont voulu voir dans l'administration de ce pays une forme administrative semblable à celle des cantons suisses. C'est là une erreur. Le gouvernement andorran se rapproche plutôt, pour sa forme, du régime des anciens Romains connu sous le nom de *Municipes*. C'est, au reste, ce que nous aurons plus d'une fois l'occasion de remarquer dans le cours de ce chapitre.

Ainsi, toutes les fonctions publiques sont gratuites et nul ne peut les exercer s'il n'est natif d'Andorre ou fils d'Andorran. Ce qui rappelle au reste cette autre prescription des lois romaines : « Nul ne peut être fonctionnaire public s'il n'est avant
« tout citoyen romain » Mais avant de développer les éléments qui composent la constitution politique et civile de cette vallée neutre, nous devons adopter une division de la matière que nous avons à traiter. Nous parlerons donc successivement :
1° du grand conseil et de sa composition ; 2° de l'administration intérieure de la vallée ; 3° de l'état des finances et des travaux publics ; 4° de la justice et de ses divers modes ;
5° de l'importance du viguier, du bayle, du juge d'appel et

du notaire-greffier ; 6° de la force publique et des détails concernant la nomination du viguier français.

1° DU GRAND CONSEIL DE LA VALLÉE.

Ce qu'on appelle gouvernement en Andorre est une forme de république oligarchique composée d'un grand conseil ou conseil souverain, et d'un syndic, procureur de la vallée, espèce de président à vie, dont les fonctions représentent assez bien celles d'un pouvoir exécutif.

Le conseil souverain, produit de l'élection, est composé de vingt-quatre membres appelés conseillers ou consuls. Ils sont ainsi divisés : douze consuls qui administrent les six paroisses, c'est-à-dire deux consuls par paroisse, et les douze consuls qui étaient en exercice l'année précédente. Ces derniers, seuls, portent le nom de conseillers. De sorte que les douze consuls-administrateurs des paroisses pendant cette année-ci deviennent, de droit, conseillers l'année suivante.

Le conseil souverain se divise, en outre, en trois chambres ou commissions : la première, composée de six membres, un de chaque paroisse ; — la seconde, de douze, deux appartenant à chaque paroisse ou communauté ; — la troisième enfin est composée de tout le conseil, c'est-à-dire des vingt-quatre consuls et conseillers.

Ainsi, dans ce système de gouvernement électif, chaque communauté ou paroisse envoie au conseil souverain les deux consuls de l'année précédente et les deux consuls actuellement en exercice, en tout quatre membres.

La convocation de chacune des trois chambres est faite au nom et en vertu d'une ordonnance du syndic ; mais elle est subordonnée à l'importance des affaires. Selon que le motif de la réunion est plus ou moins grave, on convoque la première, la seconde ou la troisième chambre.

S'agit-il, par exemple, de la question d'une vente de bois communal, la première chambre, avec ses six membres, est seulement convoquée? Faut-il expliquer au contraire un article du règlement intérieur qui paraîtrait douteux comme celui-ci : Tout Andorran étant soldat ou garde national, quelles sont les paroisses, dans un cas donné, qu'il faut mettre sous les armes? la seconde chambre, formée de douze conseillers, peut seule aviser. Enfin, s'agit-il d'affaires extraordinaires comme seraient des rapports avec les puissances étrangères, la violation du territoire, le jugement d'un criminel coupable d'avoir donné la mort, etc., etc., alors la troisième chambre, c'est-à-dire les vingt-quatre membres dont se compose le conseil souverain, se réunit et s'assemble au palais de la république.

Le conseil souverain, avons-nous dit, est le produit de l'élection.

En effet, avant le premier jour de l'an, entre la fête de la Noël et les six jours suivants, les habitants des six paroisses se réunissent en assemblées primaires et présentent dans chacune des candidats pour leurs nouveaux consuls. Ces candidats sont toujours pris parmi les chefs des familles notables.

Cette opération terminée, la liste des candidats de chaque paroisse est présentée au grand conseil, qui en choisit deux pour chaque paroisse : ils forment en tout douze membres qui portent le titre de consuls. Cette nomination terminée, elle leur est immédiatement notifiée ; et le 1er janvier, après une messe solennelle, on les proclame consuls pour un an, terme de rigueur ; car leurs fonctions ne peuvent, selon les termes de la constitution, aller au-delà. Ils sont introduits ensuite dans le conseil, dont ils deviennent membres, avec les douze consuls actuellement en exercice, et qui ne prennent que le titre de conseillers à dater de la réunion du conseil à la Pentecôte.

Quant aux douze conseillers sortants, c'est-à-dire à ceux qui ont été, la première année, consuls, et la seconde, conseillers, ils cessent immédiatement leurs fonctions.

Mais comme les chefs de familles notables sont en très-petit nombre dans cette république de *six mille âmes*, il arrive que les charges de consuls et de conseillers sont en quelque sorte inféodées dans une certaine catégorie fort restreinte d'individus qui, après avoir passé un, deux ou trois ans tout au plus sans fonctions, sont nécessairement réélus.

Le conseil souverain ainsi formé, nomme parmi ses anciens membres, et au scrutin, le président de la république, qui porte le titre de *syndic procureur-général* des vallées d'Andorre.

Le conseil souverain, outre ses réunions extraordinaires, tient encore annuellement cinq sessions de droit ; elles sont fixées : à Noël, à la Pâque, à la Pentecôte, à la Toussaint et à la Saint-André.

Une des circonstances particulières à ces réunions solennelles qu'il faut remarquer, c'est qu'elles s'ouvrent toujours sous les auspices de la religion. Ainsi, avant de s'occuper d'affaires, le conseil souverain se rend en corps dans la chapelle qui fait partie du palais de la république, et là ses membres entendent la messe dans le plus profond recueillement. Nul autre que les conseillers n'est admis dans l'oratoire.

2° ADMINISTRATION INTÉRIEURE DE LA RÉPUBLIQUE.

Le syndic ou président de la république, nommé à vie, exerce de hautes fonctions et assume sur lui une très-grande responsabilité. Il est président du conseil ; il a le droit d'initiative pour toutes les propositions qu'il croit utiles et qu'il soumet aux délibérations de l'assemblée ; il convoque le conseil souverain dans les occasions extraordinaires ; en un mot, il administre sous le contrôle de l'assemblée, composée des délégués des paroisses.

Dans les sessions annuelles, le syndic rend compte de sa gestion par un rapport qui est déposé aux archives; il soumet diverses propositions d'intérêt général ou particulier aux délibérations du conseil; il fait l'exposé des affaires urgentes, dirige les discussions et les soumet au scrutin. Tout se décide à la pluralité des voix.

Dès que le conseil souverain s'est prononcé, le syndic demeure chargé de l'exécution de ses décisions. On peut dire alors qu'il exerce le pouvoir exécutif dans toute sa plénitude, sauf pourtant qu'il doit rendre compte de ses actes à l'assemblée souveraine. Quant à son autorité, elle est immense. C'est à lui que s'adressent les étrangers qui ont des affaires publiques avec l'Andorre, ainsi que les autorités des pays voisins qui peuvent avoir des réclamations à faire. Le syndic délivre les passeports aux Andorrans qui vont voyager en pays étranger; il a un vice-président ou vice-syndic qui le remplace dans le cas de maladie ou d'absence, et auquel le conseil peut appliquer une partie des pouvoirs.

Le principe du gouvernement de l'Andorre, relativement aux étrangers, est la neutralité; mais cette neutralité est à peu près impossible dans l'état de soumission continuelle où se trouve ce pays vis-à-vis de la France et à l'égard de l'Espagne. Ainsi, tout réfugié politique, tout condamné comme tout prévenu de crime ou de délit, tout déporté, s'il est réclamé par une de ces deux puissances voisines, l'extradition est opérée de plein droit. Si la tolérance du syndic et les lenteurs qu'il met à exécuter de pareils ordres ne venaient tempérer ces demandes d'extradition, le mot de *pays neutre* ne pourrait plus être appliqué à la vallée d'Andorre.

En dehors du gouvernement supérieur, le conseil souverain connaît encore lui seul des servitudes rustiques et urbaines, des communaux, — bois, eaux, pêche et chasse, — des chemins, de la taxe des comestibles, des poids et mesures ; prohibe la sortie des grains, etc., etc.

Les arrêts du conseil souverain sur toutes ces matières et les ordonnances du syndic sont exécutés avec la plus rare exactitude par les consuls des paroisses au nombre de deux, membres eux-mêmes du conseil souverain, et dont nous avons fait connaître les fonctions. Installés avec pompe dans leurs paroisses le soir du premier jour de l'an, ils administrent leurs communes, se mettent en rapport avec le viguier pour ce qui concerne la justice, et servent, en quelque sorte, de lien entre l'autorité supérieure et l'autorité locale qu'ils représentent.

Quoique la forme du gouvernement andorran soit républicaine, comme on voit, les titres honorifiques n'en sont pas moins maintenus et conservés avec soin. Ainsi, dans les rapports avec les étrangers, dans ses actes publics comme dans toutes les correspondances officielles, le conseil souverain est qualifié d'*illustrissime*. Le syndic et le viguier se donnent réciproquement, par écrit ou verbalement, et dans l'exercice de leurs fonctions, le titre d'*illustres*. Le bayle ou juge civil reçoit seulement la qualification d'*honorable* en tête des requêtes qu'on lui adresse dans le cercle de ses attributions.

Ce système d'administration, il faut l'avouer, n'est pas compliqué et se borne seulement à l'exécution prompte et rapide des décrets du gouvernement dans leur plus simple expression. Il faut dire aussi que tous ces décrets sont accueillis par les Andorrans avec le respect le plus religieux et s'y soumettent sans contrainte. Chez eux, la loi est réellement sacrée.

5° FINANCES ET TRAVAUX PUBLICS.

Le budget de la république andorrane se borne à peu d'articles, et la balance entre les recettes et les dépenses n'exige pas de grands efforts d'intelligence pour s'obtenir avec précision. On va s'en convaincre par l'exposé suivant.

Toutes les charges de l'Andorre sont de deux sortes : les charges civiles et les charges ecclésiastiques. Les premières comprennent ce que nous appelons ordinairement le budget ; les secondes sont renfermées dans le mot *dîmes*.

Le budget des recettes se compose des pacages publics, des taxes qui portent sur les individus, sur le revenu et sur le nombre des bestiaux, et des fonds provenant de la vente des bois communaux.

La principale richesse de la vallée d'Andorre est, sans contredit, la propriété des bois et pacages qu'elle a sur les montagnes, puisqu'ils lui permettent d'élever une grande quantité de bestiaux. Ces pacages et bois sont divisés en deux parts : les communaux et ceux qui appartiennent à l'État.

Les communaux sont, d'un autre côté, divisés en quatre portions appelées *quarts*, de manière que les montagnes de l'Andorre comprennent ainsi quatre zones forestières. Chaque *quart* est affecté à une ou deux paroisses, suivant le chiffre de la population ; et pour qu'il n'existe point de contestations entre voisins, chaque section a sa part distincte et limitée. Afin de surveiller encore l'exécution des droits de tous, le conseil souverain ou les consuls de paroisse délégués à cet effet, désignent un commissaire attaché à chaque zone, et qui porte le nom de commissaire du *quart*. Ceci concerne seulement les pacages.

Mais quant aux bois, ils sont tous communaux ; aucun habitant n'en possède en propriété, et chaque paroisse a sa partie distincte sans qu'elle puisse aller en prendre dans une autre. Or, comme ces bois sont plus que suffisants, chaque paroisse vend l'excédant de la consommation aux propriétaires de forges établies dans ce pays, qui ont la préférence sur tous les autres acheteurs.

Les fonds qui proviennent de ces ventes rentrent dans le premier chapitre du budget des recettes.

Les pacages publics, qu'il faut bien distinguer des communaux, forment le second chapitre du même budget. — Ils se composent d'une partie réservée sur les montagnes et qui est la plus voisine d'Espagne. Les autorités afferment tous les ans ces pacages pour les troupeaux à laine du pays d'Urgel, qui, pendant l'été, quittent leur sol brûlant pour venir dans ces pâturages frais, où ils demeurent jusqu'au mois d'octobre. C'est là aussi une seconde branche de revenu assuré.

En outre des pacages et des bois communaux, chaque paroisse s'impose encore une somme relative aux dépenses et aux besoins de l'année. Cette imposition se compose : d'une taxe personnelle dont le taux est environ de 25 cent.; — d'une taxe sur le revenu présumé des terres qu'on possède, évaluée au 60e à peu près du revenu ; — enfin, d'une taxe sur le nombre des bestiaux qu'on nourrit et qui est toujours très-modique.

L'assiette de ces divers impôts est établie par le conseil souverain, et le recouvrement en est confié aux consuls de chaque paroisse, qui en remettent le produit au syndic ou président de la république. Ces fonds perçus sont aussitôt mis en réserve pour couvrir les dépenses ordinaires et extraordinaires de la commune et de la vallée. Parmi ces dernières, nous citerons la construction et la réparation des églises, chapelles et oratoires, des maisons consulaires ou communes, le traitement des vicaires, l'envoi des commissaires en France et en Espagne, soit pour établir de bonnes relations, maintenir leurs priviléges et en réclamer d'autres, soit pour d'autres motifs d'intérêt général.

D'un autre côté, avec le produit de ces mêmes impôts, le syndic paie encore la redevance ou abonnement à la France et à l'évêque d'Urgel, ainsi que toutes les dépenses arrêtées par le conseil souverain. Le surplus des revenus sert à couvrir les frais indispensables d'administration, à l'entretien du palais de la république, au salaire du concierge, aux repas d'apparat que les différentes réunions nécessitent, à l'entretien des prisons, etc., etc.

Le compte des dépenses ordinaires et extraordinaires, fait au conseil général par le syndic, qui indique l'emploi des fonds publics de la vallée, est arrêté tous les ans.

L'impôt ecclésiastique se compose de la dîme, c'est-à-dire du dixième de tous les produits de la vallée d'Andorre. Il est perçu la moitié de la dîme des six paroisses par l'évêque d'Urgel, qui se fait ainsi un revenu très-considérable ; l'autre moitié, la ville d'Andorre exceptée, par le chapitre de l'église cathédrale. Ainsi le clergé de la vallée n'a aucune part à cette dîme. Chaque curé reçoit seulement de l'évêque d'Urgel un traitement fixe, mais fort modique, qui est néanmoins augmenté par des fondations pieuses qui sont attachées aux cures de chaque paroisse. Nous avons vu que les vicaires étaient payés des fonds des communes. Mais quant au grand nombre de prêtres qui desservent les chapelles des suffragances, ils vivent du produit des fondations qui y sont attachées.

La question des travaux publics est très-restreinte par rapport à la petite république : elle ne porte que sur l'entretien des chemins. Or, il faut l'avouer, le gouvernement est très-arriéré en pareille matière. Aussi les voies de communication se bornent-elles à quelques mauvais chemins entretenus par les communautés, chacune en ce qui concerne la portion qui s'étend sur son territoire. Si une paroisse négligeait les réparations nécessaires, le syndic en prévient alors les consuls qui font une réquisition de plusieurs hommes, pris un par maison, jusqu'à ce que les travaux soient terminés. C'est, en quelque sorte, notre prestation en nature ; toutefois avec cette différence que nul, excepté le syndic, n'est exempt de cette contribution personnelle qui ne se rachette point. Les consuls, eux-mêmes font, à leur tour, les journées qui les compètent. S'il est des travaux d'art à exécuter qui exigent des achats de matériaux et autres objets de première nécessité, la main-d'œuvre d'hommes à gages, etc., ces divers frais sont pris sur les fonds extraordinaires de la vallée. Ainsi s'exécutent les travaux publics dans un pays où les voies de transport et de communication sont à peu près nulles.

4° DE LA JUSTICE ET DES FONCTIONS DU VIGUIER.

Toute justice émane aujourd'hui à Andorre de la nation française et de l'évêque d'Urgel. Ces droits n'ont jamais été contestés.

Le principal magistrat de l'ordre judiciaire est le viguier, dont la charge remonte à l'époque de l'indépendance de la vallée, sous Louis-le-Débonnaire, et peut-être à une date encore antérieure. Aussi, pour l'administration de la justice, le président de la république française d'un côté, et l'évêque d'Urgel de l'autre, nomment-ils chacun un viguier particulier : en tout, deux viguiers qui remplissent les plus hautes fonctions de la magistrature.

Il existe pourtant cette différence entre le pouvoir exécutif en France et l'évêque d'Urgel, que le premier choisit toujours un Français pour son viguier, tandis que l'évêque ne peut prendre le sien que dans un sujet andorran.

La charge du viguier français est à vie ; celle du viguier espagnol expire au bout de trois ans. Le nom et le titre de viguier dénotent l'ancienneté de ces fonctions. Nous voyons, en effet, que sous le règne des comtes de Toulouse et de Foix ces magistrats exerçaient les mêmes fonctions ; ils étaient appelés indifféremment viguiers des princes, vicaires (*vicarii*), lieutenants ou capitaines généraux.

Les viguiers d'Andorre ont un costume de cérémonie qui a

varié selon les temps. Ils portaient autrefois, en rendant la justice, le manteau de velours noir et le chapeau à plumes, selon la mode castillane. Il se compose aujourd'hui d'un frac à col droit en drap, avec une broderie en soie noire, composée de branches d'olivier, boutons ciselés, chapeau à plumes, ganse noire et l'épée à côté.

Lorsque le viguier français est nommé par ordonnance du pouvoir exécutif aujourd'hui, par le roi autrefois, il est donné immédiatement avis au président de la république d'Andorre, et il fixe le jour qu'il a choisi pour se rendre à la vallée et s'y faire reconnaître en cette qualité.

Le syndic assemble alors, pour le jour déterminé, le conseil général dans le palais de la république. Après avoir entendu la messe de rigueur qui ouvre et précède toutes les réunions, messe à laquelle le viguier élu ne peut lui-même assister, puisque, n'étant pas encore reçu, il n'est pas membre du gouvernement, on l'envoie prendre à son logement par deux membres du conseil général. Il traverse ordinairement à cheval la ville d'Andorre, accompagné des amis qui l'ont suivi dans la vallée ; car il est d'usage que le viguier amène avec lui, le jour de son installation, un cortége assez nombreux de Français. On verrait avec peine un viguier se rendre seul pour se faire recevoir ; et, en général, les Andorrans qui ne sont pas dépourvus d'une certaine fierté naturelle, jugent d'après le cortége de ce magistrat, du degré de considération dont il jouit dans son pays.

Arrivés à la porte du palais, deux autres membres l'y attendent et l'introduisent avec son cortége au sein du conseil, réuni dans une grande salle, où se trouve auprès du syndic un siége destiné au viguier et surmonté d'un Christ. Arrivé au centre de la salle, les introducteurs préviennent le viguier d'adorer l'image du Sauveur, et se mettent eux-mêmes à genoux avec le viguier et toutes les personnes qui l'accompagnent.

Pendant cette adoration, les vingt-quatre membres du conseil souverain sont debout, avec leur manteau de cérémonie et la tête découverte. Ce sont presque tous des vieillards, dont l'air grave et les cheveux blancs, la plupart chauves, commandent le plus *grand respect ;* on dirait une assemblée de sénateurs romains. Arrivé à son siége, le viguier prononce un discours, dans lequel il conclut à être reçu, reconnu et mis en possession réelle et corporelle de la charge et autorité de viguier, et il exhibe aussitôt son titre.

Le syndic répond au discours et consent, après avoir pris l'avis du conseil, à recevoir et reconnaître le viguier envoyé par la France. Aussitôt le viguier, posant la main sur un livre des saints évangiles, prête le serment d'usage, c'est-à-dire de rendre bonne et loyale justice, et de ne pas attenter aux priviléges des vallées.

Le greffier-secrétaire du gouvernement transcrit sur le registre l'ordonnance de nomination du viguier, dresse ensuite l'acte de réception, et immédiatement le syndic remet au viguier la liste des six candidats sur lesquels le viguier doit choisir son baylo, et l'accompagne à la chapelle du palais avec sa suite. Après une action de grâces, le viguier est invité, ainsi que les personnes qui lui ont servi de cortége, à un grand dîner *d'apparat,* donné aux frais de la vallée. Le dîner a lieu aussi dans la grande salle des cérémonies. On n'y admet que les membres du conseil général, le viguier de l'évêque, le secrétaire de la vallée et les personnes qui accompagnent le viguier, etc. Les femmes en sont exclues et ne peuvent, sous aucun prétexte, assister à ce banquet.

L'avant-dernier viguier reçu était accompagné de deux dames, qui furent accueillies avec tous les égards et le respect possible dans les meilleures maisons d'Andorre ; mais il ne leur fut point permis d'assister ni à la réception ni au repas. Après ce dîner, le viguier offre, selon l'usage, à l'assemblée, un dessert qu'on appelle *collation* ; il se compose de gâteaux, fruits confits, pralines et liqueurs dont l'usage est peu connu dans ce pays. Aussi les Andorrans usent-ils largement de ces gracieusetés.

Une fois installé, le viguier, de concert avec le viguier andorran, rendent la justice. Tout ce qui concerne la juridiction criminelle et correctionnelle est particulièrement dans leurs attributions. Pour rendre la justice, ils nomment chacun un bayle ou juge des causes civiles ; la nomination de ces bayles est le premier acte d'autorité que font les viguiers.

Les viguiers sont chefs de la force armée et ont la haute police dans leurs attributions. Ils ont droit d'entrer au conseil-souverain dans toutes les séances et d'assister à toutes les délibérations, mais ils n'ont pas voix délibérative en ce qui concerne les actes de l'administration locale.

Quoique les viguiers ne reçoivent, de nos jours, aucun émolument ni de leurs souverains ni du pays d'Andorre, il n'en a pas été ainsi dans les temps anciens. Nous lisons dans l'accord de 1278 « que l'évêque d'Urgel aura le quart et le comte « de Foix les trois quarts des émoluments de la justice qui « serait rendue par les deux viguiers. » Il est donc à présumer que ces trois quarts des émoluments formaient le traitement du viguier français.

Quoi qu'il en soit, nous allons entrer dans quelques détails concernant l'organisation de la justice dans la vallée, et, pour cela, nous citerons les extraits qu'en a rapportés M. Roussillou, qui, lui-même, les a traduits de l'ouvrage de Don Fiter, déjà cité.

JUSTICE CORRECTIONNELLE.

« Lorsqu'un Andorran se rend coupable d'une action qui mérite une punition quelconque, le délinquant est arrêté à la requête et par ordre du viguier. Si le prévenu est déjà au pouvoir d'une autre autorité, celle-ci doit en donner avis au viguier. Le prévenu est enfermé dans les prisons de la ville d'Andorre et confié à une garde composée d'habitants requis par le viguier. L'accusé est immédiatement interrogé par le viguier lui-même, lequel a le pouvoir de faire comparaître tout individu dont le témoignage peut éclairer sa conscience.

« Le viguier d'Andorre donne aussitôt avis à son collègue de France, en lui faisant part de la gravité présumée du délit. Si on le juge ne devoir être puni que correctionnellement, le viguier de France peut se dispenser de se rendre, parce que dans les punitions de cette nature le jugement d'un viguier seul est légal. Il serait cependant dans l'ordre des choses que tous les deux pussent y coopérer. Un viguier français, jaloux de remplir ses devoirs, ne doit s'en dispenser que pour des motifs graves : il ne devrait pas y avoir de jugement auquel son intervention fût étrangère. Mais la multiplicité de ces jugements, l'exécution prompte qu'ils nécessitent, et l'empêchement physique que le viguier français peut éprouver dans la saison rigoureuse de l'hiver, ont fait établir l'usage qu'un seul les rendît en l'absence de l'autre. Dans ce cas, le viguier nommé par l'évêque d'Urgel étant toujours un Andorran, ainsi que nous l'avons dit plus haut, le cours de la justice n'est jamais interrompu.

« Quoi qu'il en soit, le viguier résidant en Andorre commence les éléments de la procédure contre l'accusé. Il appelle les témoignages qu'il croit utiles ; il défère à sa volonté le serment aux accusés et aux témoins, et il n'est obligé d'ajouter à ces témoignages que la foi que la moralité des témoins lui inspire. Il est assisté dans les jugements par le notaire *de la vallée*, qui remplit les fonctions de greffier, et l'accusé peut aussi se faire défendre par un notaire ou avocat.

« Lorsque le viguier se trouve assez instruit, il prononce le jugement dans tout ce qui n'est que correctionnel, condamne le coupable à la prison et à un cautionnement calculé sur la gravité du délit, et fixe le temps de l'emprisonnement. Le condamné devient libre après avoir subi la durée de sa détention, en donnant une caution pour la somme à laquelle il a été condamné ; s'il ne trouvait pas de caution, ce qui est très rare, il serait réintégré en prison pendant le temps que le viguier jugerait à propos de déterminer.

« Tous les individus qui ont subi un jugement correctionnel sont ensuite appelés *cautionnés ;* ils sont particulièrement sous la surveillance des viguiers, et obligés de se représenter à toutes leurs réquisitions ; ils ne sont libérés qu'à la tenue de la haute cour de justice, ainsi que nous le dirons ci-après.

JUSTICE CRIMINELLE.

« Si un crime est commis dans la vallée, la première autorité qui en a connaissance en donne avis au viguier présent, et use des moyens qui sont de son ressort pour faire arrêter sans délai le prévenu. Le viguier prend aussi toutes les mesures qu'il juge convenables, et met, s'il le faut, tout le pays en armes et en mouvement pour l'arrêter.

« Le criminel conduit en prison y est gardé avec soin. Le viguier présent commence les interrogations, aidé et assisté du notaire-secrétaire de la vallée, et en donne avis sur-le-champ au viguier français. Celui-ci se rend immédiatement à son poste ; mais, au cas d'empêchement momentané, il peut demander le retard de la procédure. Arrivé en Andorre, et réuni à son collègue, il prend connaissance de l'affaire. Ils continuent ensemble les informations, et lorsqu'ils jugent que le crime peut entraîner une peine afflictive, ils donnent avis au syndic du jour où la cour doit se réunir et se constituer. Car nul jugement criminel ne peut être rendu sans son assistance.

« Le syndic convoque pour le jour fixé le conseil général, qui se réunit au palais de la vallée, à la salle des séances solennelles.

« Les viguiers, revêtus de leur costume, sont introduits par quatre membres du conseil souverain, ainsi que le juge d'appel mandé pour cette circonstance. Une messe du Saint-Esprit est célébrée dans la chapelle du palais. Après la messe, le conseil général souverain nomme deux de ses membres pour être présents aux opérations de la cour, et, pour ainsi dire, surveiller l'exécution des formes et usages du pays ; après quoi le conseil se sépare et la cour se trouve constituée.

« La cour se compose ainsi des deux viguiers, du juge d'appel des causes civiles, dont nous connaîtrons plus loin les fonctions, du notaire-greffier de la vallée, et des deux membres du conseil général nommés à cet effet. Le juge est toujours avocat, et, en son absence, les viguiers choisissent un avocat du pays ou étranger. Le juge ou avocat siège en qualité d'assesseur. Un huissier est sans cesse présent à l'audience pour exécuter les ordres de la cour.

« Le viguier de France préside cette cour souveraine, qui a les pouvoirs les plus étendus pour faire comparaître tout individu, et suivre partout les traces du crime. La cour reçoit avec serment ou sans serment tous les témoignages qu'elle croit utiles à former sa conviction. L'accusé est assisté d'un notaire ou de toute autre personne qu'il désire pour l'aider dans les soins de sa défense ; il peut faire entendre des témoins à décharge. On appelle vulgairement l'avocat de l'accusé *Rahonador* ou parleur.

« Toute la cour, pendant sa tenue, est aux frais des *cautionnés*. Ses séances ont lieu dans une des salles du palais de la vallée, et d'ordinaire elle prend ses repas dans le palais. On appelle les sessions en Andorre la « tenue des causes. »

« Toute autre justice est suspendue pendant la tenue des cours. Les juges civils ne peuvent rendre aucun jugement; les bayles et les consuls ne quittent pas à cette époque leur domicile, afin d'être toujours prêts à faire exécuter les ordres de la cour. Lorsque la procédure est terminée, les viguiers ont seuls voix délibérative pour rendre le jugement; le juge d'appel ou avocat assesseur énonce cependant son avis comme renseignement; et dans le cas où les viguiers ne soient pas d'accord, ils invitent l'assesseur à émettre son opinion : alors il a voix délibérative.

« Les viguiers ne sont astreints à aucune règle dans le prononcé du jugement : ils jugent selon leur conviction, comme les *jurés en France répondent aux questions qui leur sont soumises.*

« Les témoins ne servent qu'à éclairer leur conscience. Leur nombre et leurs dires ne peuvent influer que sur la conviction des viguiers, qui établissent la peine selon leur bon sens et en leur âme et conscience, car il n'existe pas de lois pénales écrites. C'est là où nous trouvons un premier vice dans la législation criminelle, parce que les viguiers investis d'un pouvoir absolu pourraient se laisser fléchir, et par considération rendre à la société des hommes d'une immoralité reconnue. Une loi écrite serait donc nécessaire pour l'application de la peine.

« Le jugement rendu, c'est l'assesseur qui le rédige, soit qu'il y ait coopéré ou que les viguiers seuls l'aient prononcé. Alors la cour donne avis au syndic que ses opérations sont terminées; celui-ci réunit de nouveau le conseil, et lit en sa présence et sur la place publique, où la cour se rend au milieu du conseil général, un extrait de la sentence prononcée. S'il y a peine capitale, l'exécution se fait aussi sur la place publique de la ville d'Andorre, et on appelle un exécuteur des points les plus rapprochés où il s'en trouve, soit en France, soit en Espagne, afin que les frais de son voyage deviennent moins dispendieux.

« Si le coupable est condamné aux galères, on le conduisait autrefois aux bagnes de *Gibraltar*, *Mahon* ou de Sardaigne; aujourd'hui il est d'usage de l'envoyer dans les bagnes du royaume d'Espagne. La cour pourrait également le déposer aux bagnes de France.

« Les jugements de la cour ne sont sujets à aucun appel ni révision : ils sont exécutés vingt-quatre heures après. On suit dans la procédure et la rédaction des pièces les formes et usages établis de temps immémorial. S'il y a incertitude, on consulte les deux membres du conseil général, et, au besoin, les archives de la vallée. Lorsque la sentence est exécutée, le conseil général se réunit encore, et la tenue des causes est close avec pompe.

FONDS AFFECTÉS AUX PROCÉDURES CRIMINELLES.

« La vallée ne fournit point aux frais des procédures criminelles. Les viguiers se procurent les fonds nécessaires en faisant comparaître, lorsqu'il y a une cause criminelle, tous ceux qui ont été condamnés correctionnellement dans l'espace qui s'est écoulé depuis la dernière tenue des causes. Les viguiers calculent le total des amendes dues par les *cautionnés*; ils calculent également par approximation ce que la procédure pendante doit coûter, et ils obligent les cautionnés à payer au marc le franc de leurs condamnations la somme présumée nécessaire.

« Si quelqu'un refusait de payer sa cote, ce qui arrive rarement, il serait emprisonné, à la requête des viguiers, jusqu'à ce qu'il ait soldé sa part ou qu'on l'ait exproprié.

« Moyennant le paiement de la somme affectée à chacun des cautionnés, ils ont main-levée des amendes auxquelles ils avaient été condamnés. Alors finit la surveillance des viguiers. Ainsi, chaque affaire criminelle rend les individus à leur liberté entière et à leur état naturel. S'il arrive qu'il reste un reliquat des fonds faits pour la procédure, le viguier de l'évêque d'Urgel les garde, à raison de sa présence en Andorre ; si, au contraire, ces fonds ne sont pas suffisants par suite de la procédure, alors *messieurs* les viguiers doivent eux-mêmes fournir au déficit.

Les prisonniers criminels sont nourris des fonds de la république, et ceux qui sont du ressort de la justice correctionnelle s'entretiennent à leurs frais ; s'ils n'ont pourtant aucun moyen d'existence, alors, sur un certificat d'indigence, la vallée pourvoit à leur nourriture.

5° DU BAYLE, DU JUGE D'APPEL ET DU GREFFIER.

Le bayle est le juge souverain des causes civiles. Chaque viguier, le jour qu'il entre en fonctions, choisit ce magistrat sur une liste de six candidats présentés par le conseil souverain. Ils sont au nombre de deux, étant nommés chacun par les deux viguiers. On prend ordinairement ces juges parmi les membres du conseil général qui sont toujours chefs de famille et qui passent pour être les plus instruits et les plus honorés du pays. Cette charge est honorifique.

Ainsi, les bayles jugent toutes les causes civiles, les différends qui naissent entre particuliers, les contestations pour dettes, la diffamation, en un mot tous les actes de la vie publique et même de la vie privée qui ne se trouvent point classés dans les attributions du conseil souverain. Chaque plaideur peut s'adresser indistinctement au bayle nommé par le viguier français, ou à celui qui relève du viguier andorran.

Les bayles sont toujours assistés sur leurs siéges par le notaire ou *greffier de la république*, car il porte l'une et l'autre désignation. Celui-ci rédige le jugement selon les formes et se sert du ministère d'un huissier pour instrumenter, c'est-à-dire faire les significations, convoquer, assigner les témoins, appeler devant le juge, opérer les saisies, etc. Il a les mêmes attributions que l'huissier en France, mais avec cette différence que dans la république d'Andorre il n'existe point de papier timbré, ni des frais de procédure, ni aucune de ces lois fiscales qui ruinent les plaideurs qui se présentent devant nos tribunaux. Les bayles ont encore le droit de déférer à leur volonté le serment aux parties et aux témoins ; et après avoir entendu les débats qui sont sans plaidoiries, ils jugent, à l'exemple des viguiers, d'après leur conscience, n'ayant d'autre égard aux témoignages qu'autant qu'ils leur paraissent en mériter.

Mais si toutefois la question du procès offre quelques difficultés graves et qu'il s'agisse d'un fait d'une haute importance, tel que serait celui qui aurait rapport au droit de propriété, ils sont dans l'usage alors de prendre l'avis d'un avocat expert dans les coutumes de la vallée. Quelquefois encore ils s'entourent de trois ou quatre vieillards, auxquels ils soumettent les difficultés à résoudre. On appelle ce genre de procédure législative : *Prendre l'avis des anciens*.

Le protocole des jugements du bayle nommé par le viguier français, et dont les fonctions ne durent que pendant trois ans, est ainsi conçu : « Nous, bayle de la république française, juge
« premier dans les causes civiles, etc... »

Le bayle compose donc, à lui seul, dans les causes civiles, la première juridiction ; il est, comme on dit en France, juge en premier ressort. Aussi peut-on appeler de tous ses jugements devant celui qu'on appelle le juge d'appel. Ce magistrat est seul pour l'Andorre. La France et l'évêque d'Urgel le nomment alternativement ; il est à vie. De sorte que, tantôt il est pris dans un sujet français, tantôt dans un sujet espagnol, selon que le prédécesseur appartenait à la France ou à l'Espagne. On exige que le titulaire de cette place ait reçu les grades d'avocat.

Quoique le juge d'appel n'ait point de traitement fixe, sa charge n'est pas sans lui donner des bénéfices. Ainsi, selon la coutume du pays, on lui passe 15 p. 0/0 sur la valeur de l'objet en litige, avec cette condition que cette somme est prélevée avant que la partie qui a gagné le procès soit mise en possession de l'objet contesté. Les formes à suivre pour l'appel sont excessivement simples; elles se bornent seulement à quelques écritures du notaire, *greffier de la vallée*. Mais comme le juge d'appel n'est pas obligé de se rendre au palais de la justice à Andorre, et qu'il faut, au contraire, aller le trouver à son domicile; il arrive que ce déplacement, joint aux 15 p. 0/0 des frais, empêche les plaideurs d'avoir recours à sa juridiction.

Aussi les appels sont-ils fort rares ; on s'en tient presque toujours au premier jugement des bayles, qui est sans frais. Malgré le titre de *juge ordinaire et souverain* que prend le juge d'appel d'Andorre, on peut se pourvoir en cassation ou en dernier ressort devant le président de la république française ou l'évêque d'Urgel, suivant celui des deux auquel la nomination du juge d'appel appartient. Dans ce cas, fort rare au reste, le pouvoir exécutif en France renvoyait l'affaire devant la cour d'appel de Toulouse. C'est ainsi qu'en 1821 une contestation, au sujet des pacages qui se trouvaient sur la montagne de Puymorin, fut renvoyée devant la cour royale de cette ville.

Le juge d'appel, comme le bayle, comme le viguier et comme la cour souveraine, prononce sa sentence uniquement d'après sa conscience, mais néanmoins selon les usages et les coutumes de la vallée. Cependant, il prend au préalable une connaissance exacte de la procédure et s'entoure de tous les éléments propres à s'éclairer. Il jouit, au reste, d'un grand honneur quand il vient à Andorre. Car, il faut le dire, le juge d'appel nommé par la France ne se donne pas la peine de séjourner dans la vallée; il habite ordinairement Ax, Tarascon ou Foix, et c'est à son domicile que les plaideurs doivent se rendre. On conçoit donc que les appels soient si rares.

Mais lorsqu'il déroge à ses habitudes et qu'il se rend dans la vallée, il y jouit d'une très-grande considération. A l'époque où la cour souveraine et les cours de justice criminelle s'assemblent, les viguiers invitent le juge d'appel à en faire partie, comme assesseur.

Dans ce dernier cas, c'est lui qui prend part à la délibération d'une manière intelligente et qui rédige les jugements criminels. Il est alors la tête et l'âme de cette assemblée.

Outre le baylo et le juge d'appel, il existe un troisième fonctionnaire dans la hiérarchie judiciaire de la république andorrane : c'est le notaire-greffier, appelé aussi *procureur de la vallée*. Cet état de six mille âmes n'a ordinairement, pour régulariser les actes de la vie privée, que deux notaires, dont l'un est choisi pour exercer les fonctions de notaire-greffier. Il est nommé par l'évêque d'Urgel, quoiqu'il dût l'être alternativement par ce prélat et par la France; mais on laisse à l'Andorre le soin de faire ce choix. Cela se conçoit à cause de la nature des fonctions dévolues à cet officier ministériel de la république.

Ainsi, indépendamment de l'exercice des fonctions de greffier, ce notaire a, de plus, la garde des archives; en cette dernière qualité, il doit avoir toute la confiance non-seulement du syndic, mais encore du conseil souverain; car, pour un An-

dorran, les archives sont plus que sa fortune, sa vie, son existence; plus que l'univers entier, puisqu'elles sont l'existence de son pays, en un mot de sa république.

Dans les affaires criminelles, ce notaire remplit les fonctions de greffier et fait toutes les écritures, sous la dictée de l'assesseur, qui est ordinairement le juge d'appel; il donne tous les renseignements, fournit les éclaircissements nécessaires, et consulte au besoin les archives dans les questions douteuses.

De plus, dans les jugements civils, c'est le notaire-greffier qui assiste le baylc et qui est chargé de toutes les écritures préparatoires, comme nos avoués en France, ce qui lui a fait donner le surnom de *procureur de la vallée;* c'est lui qui veille au maintien des formes, qui tient la plume dans toutes les réunions du conseil souverain, rédige ses délibérations et en dresse les procès-verbaux; qui transcrit, en un mot, tous les faits et gestes du gouvernement, parmi lesquels la réception des viguiers tient une large place. — C'est encore le notaire-greffier qui délivre le double des papiers publics aux personnes intéressées à l'avoir; qui expédie les requêtes qu'on veut adresser, soit au bayle pour affaires civiles, soit au conseil général pour affaires publiques, soit enfin au juge d'appel pour les affaires qui ressortent de sa juridiction.

L'emploi de notaire-greffier est le seul rétribué dans la vallée; il n'est pas sans être fort lucratif, puisque toutes ses écritures sont payées d'après un tarif fixe, il est vrai, mais convenablement élevé.

Tous les actes publics sont retenus indifféremment par l'un ou l'autre notaire, selon la volonté des clients. La vallée pourrait en avoir même plus de deux; mais depuis longtemps l'usage les a bornés à ce nombre. Tous leurs actes sont écrits sur papier libre, n'existant pas de papier timbré en Andorre. Il arrive même très-souvent que les Andorrans font entr'eux des transactions, soit verbales, soit sous seing-privé : les premières ont lieu en présence de deux témoins, et peuvent être rédigées en acte public à la première demande d'une des deux parties, et cela sur la simple déclaration des témoins ; les secondes sont également converties d'acte sous seing-privé en acte public, sur une pareille demande de l'un des intéressés.

« Les substitutions, dit M. Roussillou, sont fort ordinaires dans la vallée. Beaucoup de testaments et de contrats de mariage sont rédigés dans ce principe, et ces sortes d'actes ne sont jamais attaqués. Le vice de forme qui en fait souvent la nullité dans les autres pays ne peut exister en Andorre. La signature du notaire et la présence constatée de deux témoins sont des preuves irrécusables. Ces différents actes ne coûtent que les honoraires du notaire, parce qu'il n'y a aucune espèce de droit à payer au gouvernement. Aucune terre de la vallée n'ayant de seigneur, on peut faire toutes les mutations, ventes et achats sans entrave et à peu de frais. Il n'en est pas ainsi en France, parce que les parties, pour se soustraire aux énormes droits de l'enregistrement, se livrent à des actes simulés et frauduleux qui, le plus souvent, les entraînent à des procès ruineux. »

Il n'existe pas également de régime hypothécaire ; mais lorsqu'un créancier fait exproprier son débiteur, les formes préparatoires sont fort simples. S'il existe plusieurs créanciers, ils doivent se présenter pour faire opposition et pour s'inscrire en rang utile. Si l'on craint que le débiteur doive plus qu'il ne possède, alors, sur la demande d'un créancier, le bayle fait afficher publiquement que tous les créanciers de l'exproprié doivent, dans le délai de trente jours, se présenter, sous peine d'être déchus de leur créance, la liste devant être close ce délai expiré.

Ce n'est donc qu'après trente jours que le bien séquestré est délivré aux créanciers qui se sont présentés, et on suit, pour le paiement, l'ordre des créances avec titres reconnus légaux par rang d'ancienneté. De sorte que, si les deux premiers créanciers absorbent le bien séquestré, les autres créanciers n'ont rien à prétendre ; au contraire, le premier créancier qui a poursuivi l'expropriation peut l'obtenir sans opposition des autres demandeurs ; il obtient paiement, quel que soit son rang. Si quelques-uns d'entr'eux se présentent de nouveau, on ne peut revenir sur ce qui a été consommé. Les opérations, du reste, s'exécutent avec beaucoup de lenteur. Ce sont toujours les notaires qui expédient toutes les écritures, les fonctions d'avoué étant inconnues dans cette république.

Cette procédure, on doit en convenir, est très-expéditive comparativement surtout à la nôtre, mais elle est aussi juste et équitable. Un procès en expropriation dans l'Andorre, même le plus compliqué, est vidé dans le délai de quarante jours, et coûte, tout au plus, DOUZE FRANCS. Les frais d'une pareille expropriation en France s'élèveraient au moins à la somme de *mille francs* et plus.

Quelle est la cause de cette énorme différence ? — L'absence de lois écrites. Les Andorrans ne connaissent point de code ou des codes, et ils n'en sont pas moins bien administrés pour cela. Nous sommes, au contraire, en France, écrasés par les lois, ce qui a fait dire que la légalité nous tue. Sauf quelques règlements sur le maintien des formes, dans les procès civils et criminels, la république andorrane n'admet aucune loi écrite pénale. Ses magistrats y suppléent par la loi naturelle.

Ainsi les viguiers appliquent-ils la peine du crime ou du délit d'après leur conscience et conformément à certains usages qui sont de tradition, après toutefois s'être éclairés par tous les moyens pour se former une conviction.

Les bayles prononcent les jugements civils d'après leur bon sens, et bornent toute leur procédure aux formes adoptées par les habitudes du pays. Leur juridiction ressemble assez à celle de nos juges de paix, sauf pourtant qu'elle est plus étendue.

Les juges d'appel suivent, eux, des formes plus régulières, et appliquent à l'expédition des affaires quelques principes élémentaires du droit français et espagnol, suivant qu'ils appartiennent à l'un ou à l'autre pays. Il n'est qu'un seul cas où la justice andorrane met beaucoup de lenteur pour prononcer ses arrêts, c'est lorsqu'il s'agit de faire payer à un étranger une dette consentie par un Andorran. « Dans ce cas, dit M. Roussillou, on épuise toutes les oppositions que leurs coutumes peuvent permettre. Il semble qu'ils veulent dégoûter les étrangers de prêter aux Andorrans, par suite de ce principe fondamental admis dans leur état : que le commerce et les transactions avec les peuples voisins ne peuvent que leur donner des goûts incompatibles avec leurs mœurs et leur position. »

Nous pensons, au contraire, qu'un peu plus de commerce, d'industrie et de bonne foi rendrait la république andorrane plus florissante ; et que les lenteurs de la justice pour faire payer une dette à un étranger, ont une origine moins morale : l'égoïsme national.

6° DE LA FORCE ARMÉE ET DE SON ORGANISATION.

Le gouvernement andorran a résolu le problème bien difficile, en France, d'avoir une armée à bon marché, et pour cela, de fondre ensemble la garde nationale et l'armée régulière, de sorte que l'on n'ait qu'une seule force armée ne coûtant rien à l'état. Voici, au reste, comment il a obtenu cette solution :

Tout habitant de la vallée, n'importe l'âge, est soldat de droit et de fait.

Chaque chef de famille est obligé, pour cela, d'avoir un fusil de calibre, une certaine quantité de poudre et des balles.

De plus, dans les familles nombreuses, outre l'arme de rigueur, on peut avoir encore des fusils de chasse, de calibre et autres. A l'appel du chef de la famille, ses enfants et ses frères se présentent avec lui sous les armes.

Les viguiers sont commandants de la force publique ; tous les hommes armés et qu'on a immatriculés sont à leurs ordres et se tiennent à leur disposition. Cette espèce de garde nationale est formée d'après l'organisation suivante, d'ailleurs très-simple :

Chaque paroisse a un capitaine et deux sous-officiers appelés *Dannés*; ils sont renouvelés annuellement et nommés par le conseil général en même temps que les consuls ; ils doivent ensuite être agréés par les viguiers.

Tous les ans, dans la semaine après la Pentecôte, il est d'usage que les viguiers passent la revue des différentes paroisses ; ils visitent les armes et s'assurent si chaque famille possède la quantité de munitions qu'elle est obligée d'avoir. Cette revue a lieu en présence des consuls et souvent des bayles. Les viguiers punissent les contrevenants par un temps de prison dont la durée est laissée à leur appréciation. L'ordre de passer les revues est donné par les viguiers aux capitaines qui tiennent prêts les hommes de leurs paroisses pour le jour et l'heure indiqués.

Les viguiers peuvent ensemble ou séparément passer des revues partielles. Les capitaines doivent exécuter tous les ordres qui leur sont donnés, appeler le nombre d'hommes qu'ils désirent sous les armes, se mettre à leur tête et se transporter partout où il est jugé nécessaire.

Si le viguier de France avait un empêchement légitime pour se dispenser de passer les revues annuelles, il peut se faire remplacer par son bayle.

Mais dans les circonstances pressantes, l'autorité, représentée par les consuls, peut s'adresser au capitaine pour avoir à sa disposition des hommes armés, en attendant qu'on puisse recevoir des viguiers les ordres indispensables pour cette convocation et pour la mobilisation des hommes.

Le service militaire des Andorrans est entièrement gratuit. Ils ne reçoivent ni argent, ni vivres. Dans l'intérieur de la vallée, les paroisses fournissent des aliments aux troupes en marche. Ce service est, au reste, borné à un court espace de temps. Le service le plus long est celui qui exige, soit une surveillance sur la frontière, soit l'arrestation d'un criminel, soit la garde d'un coupable qui comparaît devant la cour souveraine, soit enfin, un poste d'honneur pendant la tenue des sessions de l'assemblée générale. Il n'est pas d'exemple encore que l'armée andorrane ait pris part aux guerres des peuples voisins.

Ainsi, la police intérieure de la vallée se fait avec le secours des citoyens armés ; mais elle n'en est pas moins sous la dépendance immédiate des viguiers. Ceux-ci peuvent faire expulser du territoire tout étranger qu'ils jugent nuisible. Quant aux malfaiteurs, déserteurs et autres, soit de France, soit d'Espagne, ils les font expulser ou transporter à leur gré. Les bayles et les consuls exercent la même police à l'égard des étrangers, mais ce n'est toutefois que sous la surveillance des viguiers.

Comment les viguiers, juges souverains de la vallée d'Andorre, ont-ils été nommés, en outre, chefs de la force armée? Cet usage remonte, dit-on, à une très-haute antiquité, et on l'attribue à la nécessité où ils étaient d'avoir des gens armés pour la répression des crimes et l'arrestation des coupables, d'où leur est venu le nom de juges d'épée. — Cette explication ne nous paraît point rationnelle ; il en est une autre plus plausible.

Les comtes de Foix, qui étaient les premiers suzerains de la vallée d'Andorre, avaient sur ce pays, comme il était fort commun sous le régime féodal, la haute et basse justice. C'est même par ce droit hautement apprécié que l'autorité seigneuriale se distinguait principalement. Car il est même à remarquer que l'accord de 1278, intitulé les *pariages*, n'avait d'autres bases que celles qui reposaient sur le droit de rendre justice et d'en percevoir les frais.

Or, ces fonctions de juge ne pouvaient s'exercer qu'autant que le délégué du suzerain avait le pouvoir de faire comparaître devant lui les hauts et bas justiciables, c'est-à-dire les criminels et autres. Pour cela, il était investi du droit de commander à la force armée ; d'où le titre de juges d'épée que prenaient les viguiers. Ceux-ci jouissant par leurs souverains des mêmes prérogatives que leurs prédécesseurs, ont continué d'être chefs ou commandants des gardes nationales de la vallée, c'est-à-dire des seules troupes armées reconnues depuis des siècles dans cette petite république. Telle est l'origine du pouvoir militaire actuel des viguiers français et andorran.

CHAPITRE IV.

La religion et le clergé en Andorre. — Instruction publique. — Mœurs, usages et coutumes. — Des successions. — Costumes des Andorrans. — Fêtes et réjouissances publiques.

La religion catholique est la seule reconnue et pratiquée dans la vallée d'Andorre. Ce petit peuple est fort religieux et n'est pas exempt de quelque peu de superstition. Quant aux membres de son clergé, ils sont tous andorrans et sous la dépendance canonique de l'évêque d'Urgel, dans le diocèse duquel ils font leurs études de théologie. Néanmoins, le prélat espagnol autorise le plus souvent ceux des enfants de la vallée qui se destinent à l'état ecclésiastique, d'aller suivre leurs cours à Toulouse et à Carcassonne dans les séminaires de ces deux villes.

Nous avons vu que l'Andorre payait la dîme à l'évêque et au chapitre d'Urgel. Or, comme il n'existe point dans ce petit état de budget des cultes, et que d'un autre côté le clergé n'a aucune part à la dîme, il arrive que les curés n'ont d'autre traitement que celui que leur fait l'évêque d'Urgel; mais ce traitement est si modique, que s'il n'était pas augmenté par le produit des fondations pieuses, les curés n'auraient point suffisamment de quoi vivre. Quant aux vicaires, ils sont payés des fonds pris sur le budget particulier et extraordinaire des communes. Les autres prêtres qui desservent les chapelles des suffragances ne vivent que du produit des fondations qui y sont affectées. On est dans ce pays, sous le rapport du clergé, en plein moyen-âge.

Ainsi, c'est le pape qui nomme aux cures ou bénéfices, pendant huit mois de l'année, sur la présentation de trois candidats désignés par l'évêque d'Urgel ; pendant les autres quatre mois, les nominations appartiennent exclusivement à ce dernier prélat. Ces diverses nominations dépendent donc de l'époque des vacances ou décès des titulaires.

L'action de la cour de Rome est incessante sur ce pays, non-seulement pour remplir les vacances des cures, mais encore pour les dispenses de mariage. Les Andorrans ayant l'habitude de s'allier entr'eux, il arrive qu'ils sont obligés presque toujours de se faire dispenser pour cause de parenté, celle-ci étant fixée au quatrième degré pour la prohibition.

On conserve encore l'usage des punitions canoniques dans ce pays de liberté. Il n'est pas rare de voir, les dimanches et jours de fête, des personnes exclues, par ordre du curé, de l'intérieur de l'église, et cela sur le motif énoncé ainsi : d'avoir commis des fautes graves. Cette punition publique est acceptée avec assez de respect et de soumission de leur part.

Dans un pays où l'on ne compte guère que des bergers et des laboureurs, l'instruction publique a peu de développements, le travail absorbant le temps nécessaire aux premières études. Néanmoins l'instruction existe en principe et en fait dans cette république, et, ce qui est plus encore, elle se donne gratuitement. Dans chaque paroisse est ouverte une école primaire, dirigée par le vicaire, qui est tenu, comme condition de son traitement, d'enseigner les premiers éléments de la lecture et de l'écriture à *tous* les enfants de la paroisse qui veulent s'y rendre. Ces écoles, il est vrai, ne sont destinées qu'aux garçons ; quant aux filles, elles sont élevées, soit sous les yeux de leurs parents, soit dans des couvents, en France ou en Espagne, où elles vont passer quelques années.

L'instruction secondaire est donnée dans les trois paroisses d'Andorre, de San-Julia et d'Ordino, où l'on enseigne les premiers éléments du latin. Mais cette étude est uniquement réservée aux jeunes gens qui se destinent à l'état ecclésiastique, et à ceux qui, par leur position, sont appelés à remplir les premières fonctions du pays. On trouve parmi ces derniers des hommes très-instruits qui connaissent le droit français et espagnol; plusieurs ont le grade d'avocat qu'ils ont pris, soit à Toulouse, soit à Barcelone.

On se rappelle qu'un cardinal de la maison de Foix avait établi à Toulouse le collège de Foix, dit *de la Vache*, faisant allusion aux armes de sa famille. Dans l'acte de fondation, il avait réservé cinq bourses pour des étudiants de la vallée, et l'Andorre en a joui jusqu'à la suppression de ce collège. Les ecclésiastiques sont admis, en outre, aux prébendes et aux bénéfices dans l'évêché d'Urgel. Il en est même qui viennent exercer leur ministère en France, dans le département de l'Ariége notamment.

Les habitants de l'Andorre ont des mœurs simples et sévères. Ils vivent de nos jours comme leurs pères vivaient, il y a huit cents ans. Rien n'a changé parmi eux : le luxe, les arts, l'industrie et tout ce que la civilisation des grands peuples qui les avoisinent enfante de prodiges, les touche fort peu. C'est, au reste, à cette indifférence, à la nature du sol et à leur pauvreté qu'ils doivent d'être restés étrangers aux commotions politiques et aux révolutions qui agitent les puissances qui sont à leurs frontières. C'est un peuple pasteur, dans toute l'acception du mot; la quantité de bestiaux, le terrain nécessaire pour fournir à leur nourriture une partie de l'hiver, et les travaux des champs, font leur plus ou moins de fortune. Avec ces éléments d'existence, ce peuple ne saurait être ambitieux, et moins encore révolutionnaire.

On va juger, au surplus, par l'état de la famille et de

la propriété, si ce peuple a rien à espérer ou à craindre de l'avenir.

Chaque famille reconnait un chef qui se succède par primogéniture en ligne directe. Les légitimaires ont peu de chose. Aussi les mêmes biens existent-ils depuis des siècles dans les principales maisons, sans avoir subi le moindre partage.

Les chefs de famille ou aînés choisissent leurs femmes parmi celles qui jouissent à peu près de la même considération, et où sont les mêmes emplois publics à remplir. La fortune n'est point le premier objet que l'on considère dans ces sortes de mariages, mais on estime fort de ne pas se mésallier.

Aussi les charges publiques leur sont-elles toujours données dans cette vue; dans cette vue aussi leur éducation est en général mieux soignée que celle des légitimaires leurs frères.— Ceux-ci ne se plaignent pas, dit-on, de cet état de choses; ils aiment le chef de leur maison, lui obéissent, le respectent et le regardent comme le représentant-né des droits de leurs aïeux. Ils travaillent pendant toute leur vie dans l'intérêt de l'héritier de la maison.

Néanmoins, si les légitimaires viennent à se marier ce qu'ils ne font que dans le cas où ils trouvent une héritière, alors ils quittent le toit paternel pour aller joindre leur nom à celui de la maison à laquelle ils s'allient. Dans ce dernier cas, ils deviennent à leur tour chefs de famille, et dès-lors ils sont aptes aux charges publiques. C'est ainsi qu'à défaut d'enfants mâles, l'aînée des filles devient, seule, héritière, ses sœurs n'étant que légitimaires; mais afin que le nom de la famille ne périsse point, cette héritière épouse, selon l'usage, un fils cadet qui vient s'établir chez elle et unir son nom avec le sien.

Au moyen de ces dispositions appliquées à ce mode de succession, il arrive que les principales maisons d'Andorre voient les siècles se succéder sans subir aucun changement dans leur intérieur. Un exemple fera mieux ressortir encore le respect que l'on porte, dans ce pays, au chef de la famille. Dans la paroisse de la Massana, des morts prématurées, dans la ligne directe, avaient transporté la qualité de chef de famille sur la tête d'un enfant de trois ans. Un de ses oncles, prêtre qui exerçait son ministère dans la paroisse, gouvernait en son nom, tandis que tous ses oncles et ses grands-oncles travaillaient dans ses intérêts et le chérissaient comme l'espoir de leur race.

C'est ici le cas de dire que les procès de famille, relativement à la succession paternelle, sont inconnus en Andorre. Lorsque les successions ne sont pas réglées par la constitution de Catalogne, alors l'héritier ou héritière légalement désignés a le tiers des biens liquidés, dont la plupart sont grevés par des fondations pieuses à la charge des héritiers; et le reste se divise en parts égales entre les successibles, de sorte que les légitimaires ont très-peu de chose. S'ils ne se marient pas, il est rare qu'ils quittent la maison paternelle.

Depuis l'indépendance de l'Andorre jusqu'à nos jours, on ne compte que deux légitimaires qui aient demandé juridiquement leurs portions de patrimoine pour en jouir à part. En général, si un légitimaire, soit garçon ou fille, trouve à faire une alliance convenable, l'aîné, s'il le faut, lui donne plus que sa portion pour l'aider dans le mariage désiré; ce qui entretient la bonne harmonie dans les familles; mais cette portion de patrimoine est toujours payée en argent, afin de conserver les biens indivis dans la même famille. Le frère aîné ou l'héritier remplit dans cette circonstance les devoirs d'un père à l'égard de ses frères ou sœurs.

Cette stabilité du foyer domestique a beaucoup influé sur la stabilité du gouvernement et de ses institutions. Si ces dernières devaient être ébranlées, ce serait assurément par cette partie du peuple qui ne possède rien et qui ne jouissant d'aucun des avantages attachés aux familles notables, ne peut espérer de les obtenir dans un pays où les transformations sociales et les changements politiques sont si rares. Mais ce que nous appelons, en France, le prolétariat, est moins à plaindre dans cette vallée qu'ailleurs.

En Andorre, les familles riches ayant leur fortune en bestiaux, les chefs ne quittent jamais leur bien, ne font aucune dépense de luxe, et emploient tous leurs revenus soit aux travaux agricoles, soit à la garde des bestiaux. Dans cet état de choses, les paysans pauvres qui les entourent et dont la pauvreté est aussi chez eux un héritage de famille imprescriptible comme la fortune l'est chez leurs maîtres, les paysans pauvres, disons-nous, partagent les travaux de leurs enfants et sont assis à la même table ; leurs habits sont tissés comme l'habit du maître, de la laine de son troupeau. Les jours de fête, ils partagent les mêmes délassements et les mêmes plaisirs. Le peuple andorrais, façonné par tradition à respecter la fortune du riche, vit avec lui dans une parfaite égalité et regarde son bien non plus comme un objet d'envie et en vue de possession, mais comme un atelier inépuisable où il a, lui et sa famille, le droit au travail et la nourriture, lesdeux seules conditions de son existence qu'il ambitionne.

Les femmes d'Andorre sont en général d'un caractère doux, modestes et laborieuses ; elles ont beaucoup de fraîcheur et se font surtout remarquer par de belles dents. Elles vivent, entr'elles, dans le même ménage, dans la plus parfaite égalité, au point qu'à en juger par la nature des travaux, on ne saurait distinguer la maîtresse de la domestique, qui, du reste, ne sont considérées que comme des aides, quelle que soit d'ailleurs la fortune de la maison.

« Les femmes, dit M. Roussillou, regardent leur mari comme le chef et le maître ; elles le respectent, font exécuter ses volontés et les exécutent elles-mêmes, sans se permettre la moindre observation. Soigneuses et attentives, elles s'imposent avec plaisir des privations pour augmenter ses jouissances ; elles sont réellement les premières entre ses servantes.

« Cet état n'étant point, chez elles, la suite d'aucune violence, mais un état naturel, elles sont en général fort heureuses. Aimées et estimées de leurs époux, elles donnent aux soins de leurs enfants tous les moments que ne réclame pas leur ménage. Aussi, leurs mœurs sont-elles pures comme leur extérieur est modeste. »

Par un motif pris dans leur genre de vie et peut-être aussi dans la faiblesse de leur sexe, les femmes sont exclues de toutes les réunions où l'on s'occupe d'intérêts publics. Ainsi, elles ne peuvent entrer dans le palais de la vallée, lorsque le conseil-général y est assemblé, ni assister aux messes, aux solennités et aux fêtes qu'on célèbre à l'époque des réceptions de l'évêque d'Urgel et du viguier français.

Les mœurs sont très-sévères dans la vallée d'Andorre, au point que s'il existe des preuves d'un commerce secret entre une fille et un garçon, alors le clergé, les magistrats et l'opinion publique engagent les parents à former leur union, qui a toujours lieu, quelle que soit d'ailleurs la disproportion des fortunes. Le pauvre trouve ainsi quelquefois une compensation à la rigueur de sa condition sociale.

La vieillesse est, en outre, fort respectée ; et il n'est pas rare de voir des vieillards plus que centenaires. La sobriété qui est une vertu patriarchale, l'absence des vices qui affligent les grands centres de population, le calme de toutes les passions, un climat sain, un air pur et une nourriture primitive assurent aux habitants de cette vallée une longue vie.

Mais de toutes les vertus qui distinguent le peuple andorran, la plus remarquable est sans contredit celle de l'hospitalité.

Les étrangers qui arrivent dans la vallée d'Andorre, principalement le soir à la nuit close, sont reçus dans la première maison qu'ils trouvent sur leur passage, à la table et au foyer domestique. Le maître du lieu est à leur égard d'une grande discrétion. Si, comme il arrive souvent, l'hôte de l'andorran est un réfugié qui vienne chercher asile dans cette vallée neutre, il passe la nuit sous le toit hospitalier, prend le lendemain son repas avec tous les membres de la famille, et assiste à la prière que le chef de la maison récite, dans la grande salle, au milieu de ses enfants et de ses serviteurs, sans que jamais la moindre question indiscrète lui soit adressée. Mais si des malheurs particuliers, tels qu'une faillite et autres de ce genre, obligent l'étranger à séjourner longtemps dans le pays, il s'en explique alors avec son hôte, qui lui offre ordinairement sa maison comme un lieu d'asile, à moins toutefois que des raisons d'état ne s'y opposent. Mais dans ce dernier cas, le silence, la discrétion et une protection intelligente font taire le plus souvent les lois de la police.

L'Andorran est en général d'un caractère doux, sensible et obligeant ; incapable lui-même de faire le mal, il ne le soupçonne point en autrui : ce qui explique sa tolérance à l'égard des réfugiés. Au surplus, les crimes et les délits sont fort rares dans la vallée ; ils ne sont commis ordinairement que par des étrangers, notamment par des Espagnols. Les affaires correctionnelles provenant de rixes sont les plus communes, mais elles ont rarement un certain degré de gravité. Les rôles des affaires civiles sont aussi peu chargés, les différends étant portés presque toujours devant deux vieillards pris pour arbitre ; dans le cas d'indécision, les deux vieillards choisissent eux-mêmes un tiers-arbitre. Quoique ces sortes d'arbitrages ne reposent sur aucune transaction écrite, jamais on n'a appelé de ce genre de décision, qui est regardée comme sacrée. Aussi, le plus grand nombre d'affaires portées devant le *bayle*, ne sont-elles que des demandes de dettes contractées pour vente et achats de bestiaux.

Les mœurs des Andorrans se ressentent beaucoup de la simplicité et des formes primitives de leur gouvernement. Tout est resté stationnaire dans cette vallée, parce que ses habitants ont atteint, dès le VIIIe siècle, le but de toute société : le bien-être de tous par tous. Aussi rien n'a changé depuis le règne de Charlemagne : mœurs, institutions, usages, costumes, etc.

AVIS DE L'ÉDITEUR.

La Notice sur les *Bains d'Ussat* nous étant parvenue trop tard pour être insérée dans cette édition de l'*Histoire d'Ax*, nous la publierons en une brochure à part.

stimule pas l'industrie. La ville compte à peine un millier d'habitants ; mais le canton entier en a plus de dix-sept mille.

On voit sur une hauteur qui domine l'entrée de la vallée de Biros, où se trouve maintenant un calvaire avec trois croix de bois, les ruines de l'ancien château qui a donné primitivement le nom à ce bourg. Si le souvenir du château n'est plus vivant dans l'esprit des habitants de Castillon, il revit néanmoins dans une rue étroite et escarpée qui servait évidemment d'avenue autrefois, et qui s'appelle toujours la *rue du Château*. Mais la plus belle antiquité de ce lieu est sans contredit la chapelle du calvaire dont nous avons déjà parlé, et qui était anciennement comprise dans le château. Cette chapelle date évidemment du XIe siècle; et appartient à cette période de transition dans l'architecture connue sous le nom de style roman.

C'est surtout dans la Bellongue (*vallis longa*), la plus peuplée et la plus riche de ces trois vallées, qu'il faut admirer la plus belle culture et la plus luxuriante fertilité. Dans une longueur d'environ trois lieues se presse une population de plus de dix mille âmes. Au milieu s'élève la colline ou plutôt la montagne de Bazan, couronnée par son village et toute cultivée de haut en bas; tandis que, à ses pieds, la vallée tout entière apparaît éblouissante de fraîcheur et de prospérité. Les arbres sont nombreux dans la Bellongue ; mais ils sont en général peu touffus. On y trouve en abondance le frêne, l'érable, le hêtre, le châtaigner, en un mot, tous les arbres des vallées.

La Bellongue finit à Saint-Lary, joli village caché dans une gorge, au pied de magnifiques forêts de hêtres. Cette gorge est célèbre dans tous les pays par ses *pantières*. On appelle ainsi un col au haut des montagnes, où se fait tous les ans la chasse aux *bisets* ou pigeons fuyards. Nous avons décrit longuement ailleurs cette chasse originale et gaie à la fois. Un immense filet est tendu à travers du col. Dès qu'un vol de bisets est signalé, des hommes cachés dans des huttes placées au haut de longues perches effraient ces oiseaux en lançant au-dessus de leurs têtes des morceaux de bois garnis d'ailes, imitant le faucon ; le vol s'abaisse, le filet s'abat, et des centaines de bisets sont pris à la fois. L'époque de cette chasse, qui a lieu ordinairement dans le mois de septembre et au commencement d'octobre, est l'occasion d'une fête annuelle pour Saint-Lary, où l'on accourt de tous côtés.

L'entrée de la vallée de Biros ressemble à la Bellongue : c'est à peu près la même richesse et la même culture ; mais en remontant, le spectacle change peu à peu, et dès les premiers pas qu'on a faits, on voit se dresser devant soi les rochers neigeux de la haute chaîne des Pyrénées avec ses mille accidents et ses divers paysages. La vallée proprement dite finit à Sentein, petit village au milieu des prairies, ayant une vieille église entourée d'une enceinte fortifiée. Les montagnes qui dominent ce village sont âpres et escarpées, et leurs sommets servent de base aux glaciers du Mont-Crabère et du Tuc de Mauberne. Au-dessus de Sentein commence une gorge qui remonte rapidement jusqu'à la chaîne, et qui soutient sur un de ses plateaux les plus élevés une petite chapelle, connue dans le pays sous le nom de *Chapelle de l'Izard*. Là s'ouvrent des *ports* ou passages dans les montagnes qui conduisent dans la vallée d'Aran qui n'est séparée de Biros que par une barrière de granit.

Néanmoins la vallée de Biros communique habituellement avec l'Espagne par le port d'Orle, situé à l'extrémité d'un vallon latéral. Vers le milieu de la grande vallée, on tourne brusquement à gauche, et l'on s'enfonce dans ce vallon étroit, mais pittoresque, où les montagnes en se rapprochant ne laissent souvent de place qu'au ruisseau. Après deux heures de marche, on arrive au pied du port où se trouve la dernière maison française appelée la *Pucelle,* et cela après avoir parcouru des chemins incommodes, mais peu dangereux. Ce lieu est sombre et pittoresque ; mais si l'on suit le sentier d'Orle et que l'on gravisse la montagne, le spectacle, arrivé au sommet, est des plus majestueux et des plus grandioses, car on domine de ce point les deux versants des Pyrénées, les vallées françaises et les vallées espagnoles.

C'est aussi dans un village du Biros qu'est né le fameux comte d'Espagne, qui fut gouverneur de la Catalogne sous Ferdinand VII et qui mourut si misérablement dans les flots de la Segra par la trahison de la junte de Berga. On voit près de la route les débris du château d'où sortit ce génie français qui régna en souverain sur la plus belle moitié de l'Espagne, et dont la puissance se trouva ensuite ruinée comme l'habitation de ses pères.

Le Betmale, considéré sous le rapport topographique, est moins une vallée particulière qu'un des affluents du Biros; mais par un concours de circonstances singulières, ce coin des Pyrénées est resté un de ceux qui sont les plus isolés et les plus caractéristiques. Il forme, au milieu des montagnes, une sorte de république pastorale qui a conservé des mœurs primitives et des costumes originaux. On va visiter, dans les hauteurs qui terminent ce pays, un petit lac sans importance, creusé par la nature au milieu des forêts ; les abords et les alentours de ce lac sont très remarquables en ce qu'ils offrent le spectacle toujours frappant d'une forêt de hêtres presque vierge ; le torrent qui s'en échappe forme aussi, en se dérobant sous une usine suspendue sur l'abîme, une des plus belles cascades des Pyrénées. Mais le lac, les forêts, la cascade, rien de tout cela n'est aussi curieux que le caractère général du Betmale, avec son entrée escarpée et étroite, ses paisibles pâturages, ses troupeaux, le vaste bassin de prairies qui le dessinent et sa population de bergers.

On ne compte dans la vallée de Betmale que seize cents âmes environ, réparties entre six villages ; de là un air de paix, de silence et de solitude qui contraste singulièrement avec l'agitation voisine de la Bellongue ; de là aussi la beauté particulière de la race d'hommes qui l'habite, et qui n'a sa pareille dans les Pyrénées que chez les Basques des vallées occidentales. Le village d'Ayet est le plus important de la vallée. Le costume des Betmalaises est surtout le plus élégant que l'on connaisse ; il se compose ordinairement d'une veste rouge, régulièrement coupée à la taille, avec des manches plates qui terminent au coude par des manchettes, et laissent le reste du bras nu. Une jupe ordinairement verte ou bleue, très plissée sur le dos et sur les hanches, et assez longue pour ne laisser voir que le bout des pieds, s'harmonise admirablement bien avec la veste ; un tablier d'une couleur saillante, à fleurs ou à ramage de diverses nuances, tombant au niveau de la jupe et formant sur le sein une bavette d'une coupe charmante ; une cornette rouge qui cache entièrement les cheveux sur le front, mais qui s'ouvre sur la nuque en forme de fer de cheval, et qu'on recouvre, dans les jours de fête, d'un voile de mousseline, complètent ce costume pittoresque et original. L'ornement de luxe que l'on se permet le plus communément est une chaîne de laiton passée autour de la taille, et qui sert à suspendre un couteau, une clé, des ciseaux et une bourse. Les Betmalaises portent ce costume avec une grâce incroyable. A voir leurs traits, leurs manières remarquables par une grande distinction et l'élégance de leurs personnes, on dirait de grandes dames déguisées en bergères : ce qui dénote, au reste, en elles, une noble origine.

Les hommes du Betmale, quoique généralement bien faits et polis, sont moins remarquables que les femmes ; on observe le contraire dans le pays basque. Leur costume n'a de particulier qu'une calotte rouge et bleue, assez semblable au bonnet des Grecs modernes, mais plus aplatie. Quoi qu'il en soit, les mœurs du Betmale sont gaies et simples, les physionomies ont une expression évidente d'intelligence et de vivacité. Aussi les habitants de cet heureux coin de terre ne sentent pas le besoin de sortir de chez eux, et il est très rare de rencontrer une Betmalaise hors de sa vallée.

Mais ce n'est pas assez pour l'homme qui veut connaître le Castillonnais que de se borner à visiter ses vallées habitées par les hommes, où même de les remonter jusqu'à la partie de la chaîne d'où elles descendent ; il faut encore parcourir avec soin les montagnes secondaires qui, n'ayant ni la fertilité des bassins, ni la stérilité des crêtes, offrent des tableaux particuliers. Sur leurs sommets s'ouvrent les ports de second ordre appelés *cols*, qui servent de communication avec les vallées. Tels sont dans le Castillonnais le col de Nédé, entre le Biros et la Bellongue ; le col de Portet, entre la Bellongue et la vallée d'Aspet ; le col de la Core, entre le Betmale et la vallée d'Oust. Ces cimes sont, en général, couvertes de pâturages et de forêts. Une des courses les plus agréables qu'on puisse faire est celle qui de Castillon à Seix traverse les forêts de Castillon et d'Alos, les pâturages de Combelongue et d'Arpe.

Arrivé au haut de la montagne, on voit le Betmale fuir sous les pieds ; vers le nord apparaît la plaine immense, infinie, ondulée comme une mer, présentant à ses premières assises la ville de Saint-Lizier perdue dans l'espace. Puis, à droite et à gauche, ce sont les vallées du Castillonnais ou celles du Haut-Salat qui offrent des accidents de lumière et d'ombres féeriques. Jamais spectacle plus beau ne peut s'offrir à la vue enchantée ! Le régime forestier peut seul dépoétiser ces admirables vallées.

L'arrondissement de Saint-Girons, si remarquable, comme

on voit, par ses vallées, ses sites et sa population, ne l'est pas moins encore par ses productions naturelles. Au nombre de ces dernières, nous devons compter les marbres. Des rochers brisés, des masses de cailloux plus ou moins concassés, puis liés entre eux par une sorte de pâte plus douce, constituent les marbres à couleur bigarrée. La chaîne qui s'étend d'Aulus à Seix, depuis le col de la Trappe jusqu'au Mirabat, n'est presque qu'un long rocher de marbre blanc. Les principales carrières de l'arrondissement sont celles d'Aubert dit noir antique, marqueté de veines très blanches. L'autel de Notre-Dame-de-Bon-Secours de Marseille et le tombeau de Napoléon aux Invalides de Paris sont faits avec du marbre extrait des carrières d'Aubert. On trouve encore des carrières de marbre noir semblable à ce dernier sur la route de Seix à Oust auprès du ruisseau de Bincarech. A Fonsourde, vallon d'Esbint, existe un marbre blanc à grain fin et propre à la statuaire, quoiqu'il ne soit pas d'une blancheur irréprochable. Le marbre de Mirabat, situé au-dessous du château de ce nom, est fort remarquable; il en est de même de celui de Couflens, où l'on trouve une carrière qui fournit une brèche blanche, veinée de vert pomme, une brèche blanche veinée pourpre, et une autre de couleur lie de vin.

Ces différentes carrières paraissent avoir été exploitées en partie par les anciens, puisqu'au-dessus du Pont-de-la-Taule, sur la route de Couflens, on voit les traces d'une grande tranchée d'où ils extrayaient les blocs, et la manière dont ils les détachaient et les équarrissaient sur place à coups de pointes. La plupart de ces richesses sont frappées de stérilité, faute de moyens de transport.

Le Couserans n'est pas moins riche en mines d'or, d'argent, etc., qu'en carrières de marbre. Les Phéniciens paraissent avoir été les premiers à exploiter les mines des Pyrénées, suivant l'opinion de Diodore de Sicile. Pline établit que les Romains retiraient tous les ans de ces mêmes montagnes plus de quatre millions d'or seulement ; et l'on sait que les grandes richesses de Gaston-Phœbus, comte de Foix, provenaient des mines qu'il exploitait avec tant d'avantages dans les montagnes de son comté. Tous ces précédents engagèrent Henri IV à faire des recherches minéralogiques dans ces contrées.

En conséquence, l'année 1600, M. de Malus, maître de monnaie de Bordeaux, explora les Pyrénées en général et le Couserans en particulier, et reconnut, dans son rapport, qu'auprès du château de Castel-Ménié et dans la montagne de Gonas se trouvaient des mines d'or très abondantes. Ce mémoire curieux sous tant de rapports cite la rivière du Garbet et celle de Parabis comme roulant des paillettes d'or en grande quantité (1), « lesquelles paillettes, dit l'auteur, paraissent pro-
« venir des mines de cuivre. L'eau dissout les vitriols qui en
« résultent, l'or reste sous la forme de paillettes ; celles-ci,
« entraînées par les pluies, sont charriées avec elles dans les
« ruisseaux et les rivières. »

Deux siècles après M. de Malus, le célèbre Diétrich fut chargé de parcourir et d'examiner les mêmes montagnes. L'ouvrage qu'il publia à ce sujet établit que les Pyrénées abondent en mines d'argent contenu dans d'autres minerais de cuivre, de fer, de plomb, d'arsénic, de zinc, de bismuth, de cristal de roche, de pyrites martiales, de grenats, de charbon, d'ardoise, etc. (2). Dans le mémoire qui a pour objet *les mines et forges du Couserans*, il signale soixante-deux mines différentes. Les mines de plomb argentifère de la montagne de Lacore servirent, avant 1793, de but aux recherches sa-

---

(1) *Recherches faites en l'année 1600*, par Jean de Malus, écuyer.
(2) Diétrich, *Description des gîtes, etc., minerais, etc., des Pyrénées*.

vantes de M. Picot de Lapeyrouse, qui parvint à les faire exploiter avec quelques succès. Mais cette exploitation ayant été interrompue par la mauvaise administration qui présida à ses travaux, M. Lecourt la continua en 1835, et parvint à en extraire 800 quintaux métriques qui donnaient par quintal 47 fr. 50 c.; d'où il fallait déduire 20 fr. de frais d'extraction, de fonte et de coupellation, estimés 20 fr. Il restait donc 27 fr. 50 c. de produit. Pourquoi cette exploitation n'a-t-elle pas été continuée ? — C'est à M. Lecourt à en dire la raison.

Parmi les autres mines indiquées par Diétrich, nous citerons les mines de fer de Massat et de Saurat; celles de cuivre d'Escaletorte près Seix, et la mine de plomb argentifère de Mimart, au-dessus de Couflens. Toutes ces mines pourraient facilement et à peu de frais être livrées à une exploitation facile par les soins et sous la direction du gouvernement lui-même.

Ce que le gouvernement ne fait pas à l'égard des mines du Couserans, l'industrie des particuliers l'a accompli avec un certain avantage pour les eaux minérales de ces contrées. Les découvertes faites à l'égard des sources minérales ont été telles que l'on en compte aujourd'hui plus de trente qui sont connues avec avantage. Nous indiquerons, après les eaux d'Audinac qui sont incontestablement celles qui ont le plus de vertus thérapeutiques, celles d'Aulus, de Castelnau-Durban ; les sources ferrugineuses de Coué près Sentein ; celles de Balmes, non loin de Massat; celles de Castel-d'Amour, de Biert, de Soulan, d'Ercé, de Sentenac, d'Ustou, de Couflens, de Capvert, de Montjoie, etc. Toutes ces sources ont diverses propriétés qui, dans leur ensemble, témoignent en faveur de leur minéralisation.

C'est ainsi que le Couserans, sous le rapport historique comme sous le rapport de la science et de la philosophie, peut rivaliser avec les autres contrées des montagnes pyrénéennes. En cela la situation des bains d'Audinac est des plus favorables, et ne laisse rien à désirer à la curiosité de l'explorateur.

Mais si nous portons encore nos investigations du côté opposé du Couserans, soit dans la direction du pays de Foix, soit dans la plaine où s'élève le Mas-d'Azil, nous trouvons encore matière à de nouvelles descriptions. Du côté de Foix, Audinac se révèle à nous comme un point de départ qui sert à nous faire connaître un pays où chaque montagne, chaque vallée, chaque village offrent un intérêt historique tout particulier. Du côté de la plaine, sur la nouvelle route de Toulouse, nous retrouvons la cité protestante, le boulevard de la réforme religieuse pendant les guerres de religion ; en un mot, le Mas-d'Azil avec sa grotte pittoresque, son activité commerciale et son ancienne physionomie de place forte. Cette contrée mériterait aussi notre attention si nous n'étions bornés par les limites imposées à une notice. Dans l'impossibilité où nous sommes de la faire connaître dans tous ses détails, nous lui consacrerons quelques lignes dans le paragraphe relatif à l'itinéraire dans les environs à l'usage des baigneurs.

CHAPITRE II.

Description de l'établissement d'Audinac. — Hôtel des bains. — Sources et baignoires. — Divers embellissements. — Travaux de M. François. — Analyse des sources par M. Filhol. — Propriété des eaux d'Audinac. — Quelques observations recueillies par le sieur Sentein. — Réputation justement acquise par ces eaux.

Lorsqu'on vient de Saint-Girons par la route de Toulouse, on trouve à dix kilomètres environ de distance, à la droite du voyageur, un petit vallon délicieux où l'art paraît avoir rivalisé avec la nature. Le premier objet qui frappe la vue dans ce vallon est un magnifique bâtiment qui s'élève à son extrémité. Ce bâtiment est le grand hôtel de l'établissement, composé d'appartements et de chambres variées qui offrent toutes les commodités et tout le confortable désirables. A droite, en entrant dans le bâtiment de l'hôtel par l'escalier de l'avenue, se trouvent un grand salon de réunion, une salle de musique et de billard ; du côté gauche, s'étend le salon de la table d'hôte. Une chapelle parfaitement décorée sert à la célébration du culte.

Dans toutes les autres parties de ce bâtiment, construit sur les dessins et sous la direction de l'habile M. Chambert, architecte du département de la Haute-Garonne, on retrouve l'exécution d'un plan qui ne laisse rien à désirer. Le corps de bâtisse à droite se compose de quatre étages, formés chacun d'une rangée de cinq fenêtres ; celui de gauche, oblong, est disposé de manière à renfermer les salles destinées aux agréments de la société pendant la saison des bains. Du haut du balcon de la grand'salle on domine le vallon d'Audinac, dont l'autre extrémité offre en perspective le nouvel établissement des bains, élégant et grandiose.

Mais, pour y arriver, il faut traverser de longues avenues disposées avec goût et avec intelligence par M. Fraïsse, jardinier fleuriste et paysagiste de Toulouse. Des allées sinueuses qui se dirigent en tout sens, des tapis de verdure mêlés à des massifs de fleurs et d'arbres chargés d'ombrages, des bosquets nombreux qui projettent de toutes parts la fraîcheur mêlée à leurs parfums, composent une espèce de jardin anglais où la nature et l'art se trouvent parfaitement harmonisés ensemble. Au centre de ce labyrinthe d'ornements agrestes, d'arbustes et de fleurs s'étend une pièce d'eau qui sert aux plaisirs de la navigation, et qui a été creusée dans ce but. Au milieu de ce bassin, on voit une île tapissée de verdure et couronnée de fleurs vers laquelle on se dirige en passant sur un pont rustique et gracieusement jeté : on dirait en miniature l'île de Calypso.

En traversant ainsi ce petit parc enchanté, on arrive à l'établissement des bains, composé des pavillons des bains et des douches. Avant d'entrer dans la description des détails de l'établissement en lui-même, faisons connaître, d'après M. François, ingénieur en chef des mines, la nature des sources qui servent à l'usage des bains.

Les bains d'Audinac sont alimentés par deux sources thermo-minérales, classées par M. Filhol au nombre des eaux salines, de la variété de celles désignées sous le nom de *ferrugineuses-acidulées*.

La principale source, indiquée sous le nom de *source des Bains*, donne, terme moyen, par un temps calme, la température extérieure étant de 18°,50, un débit journalier de 182,560 litres d'eau à 20°,90. Elle sert à la fois à la boisson et à l'alimentation des bains et douches.

Un vaste bassin, élevé au-dessus du sol et d'un accès facile aux malades, est disposé de manière à desservir les bains et les douches, et à permettre l'usage de l'eau en boisson sur les points d'émergence.

La seconde source, indiquée sous le nom de source *Louise*, est exclusivement affectée à la boisson, surtout en raison de sa nature gazeuse et de sa teneur en sels de fer, qui, sous ce rapport, la rapprochent de la source de *l'Hôpital de Vichy*.

Le 12 septembre 1848, elle débitait par vingt-quatre heures 115,200 litres à 19°,90. Elle a été récemment captée et mise à l'abri des agents de dégradation.

Elle s'élève à 1^m,20 au-dessus du sol, dans une vasque circulaire, taillée dans un bloc de marbre, élégante, et dont la forme facilite l'usage des eaux au plus près du point d'émergence.

La position géologique des eaux d'Audinac vient confirmer les indications de l'analyse, et les classer parmi les eaux salines thermales des Pyrénées. Elles jaillissent à la limite commune des formations crétacées, supérieure et inférieure, sur la ligne même des affleurements des ophites que l'on observe de Labastide-de-Sérou à Salies, par Rimont, Mercenac et Bonrepos. Cette ligne se rattache d'ailleurs, vers l'ouest, à celle des affleurements ophitiques auxquels sont liées les eaux des environs d'Aspet, d'Encausse, de Sainte-Marie, de Bagnères (Bigorre), de Saint-Christau, etc.

L'émergence des sources s'opère à la limite de calcaires compactes, caverneux, et de marnes calcaires. Leur position, rapprochée de la structure générale des terrains, permet de penser que, par des travaux souterrains, par des sondages, on arriverait à en accroître la température et le débit actuel.

Toutefois, la source des Bains offre à l'administration des établissements un volume suffisant ; car, en dehors des besoins de la boisson, et sans recourir à la source *Louise*, elle suffit à l'administration journalière de 450 à 500 douches et bains.

A cet effet, l'ancien et le nouvel établissement remplissent toutes les conditions indispensables à un service régulier et complet sous tous les rapports. Ainsi, les anciens bains ont été l'objet d'un remaniement général. Les cabinets et les logements au-dessous desquels ils se trouvent ont été réparés et appropriés à tous les besoins ordinaires des baigneurs des deux sexes et de tout âge. Le mode de distribution des eaux a été amélioré de manière à desservir rapidement les quinze baignoires et deux douches qui y existent. Chaque cabinet a été en outre approprié au service intérieur de manière à ne laisser rien à désirer.

Mais c'est surtout le nouvel établissement qui remplit toutes les conditions exigées pour les commodités des baigneurs! Formé d'une façade qui a 37^m 75^c de longueur, l'édifice s'offre, à côté des anciens bains, sous une perspective des plus avantageuses. Dix-huit colonnes simples et élégantes à la fois supportent une corniche ornée d'une balustrade et imitant assez les terrasses des maisons italiennes. Deux pavillons terminent cette colonnade du genre dorien, et présentent, chacun à son extrémité, deux statues qui les décorent. Dans l'intérieur des colonnes est un vestibule ou promenoir qui sert aux baigneurs qui vont prendre des bains. Au milieu du vestibule s'ouvre la porte d'un salon de repos, tandis qu'aux deux extrémités, dans les pavillons, on a ménagé à gauche la salle des douches ascendantes, et à droite celle des douches à percussion. Sous l'entablement et le long de la galerie sont rangés douze cabinets, garnis de quinze magnifiques baignoires et des objets d'une toilette des plus confortables. Chacune des deux salles des douches est, en outre, précédée d'un vestiaire approprié aux besoins du nouvel établissement.

L'importance de ces constructions, le talent de l'architecte qui n'a rien négligé sous le rapport de l'art pour les rendre le plus complètes possibles, et l'organisation habile du service intérieur font des bains d'Audinac un de ceux qui offrent le plus de confort et d'élégance sur toute la ligne des Pyrénées.

A tous ces avantages matériels réunis, la science est venue encore joindre sa sanction et donner plus d'authenticité à l'efficacité de ces eaux déjà si connues par les malades eux-mêmes. M. Filhol en a fait l'analyse, et les résultats obtenus viennent à l'appui des témoignages nombreux fournis par la science médicale.

M. Filhol a analysé successivement les deux sources : celle dite des *Bains* et la source froide indiquée sous le nom de *Louise*. Nous citons cette analyse :

1º *Source des Bains.*

L'eau de cette source est limpide, incolore ; elle exhale une légère odeur d'acide sulphydrique ; sa saveur est un peu amère ; sa densité est de 1,0020.

Un thermomètre centigrade que nous y avons plongé s'est fixé au bout de peu de temps à 22°,75 ; la température extérieure était au même moment de 14°.

De temps en temps et à des intervalles assez rapprochés, de grosses bulles gazeuses partent du fond de l'eau et viennent crever à la surface. Nous avons recueilli une quantité assez notable de gaz qui se dégage ainsi, et l'ayant introduit dans une éprouvette graduée, nous l'avons mis en contact avec un morceau de potasse caustique. Après que l'action de cette base a été épuisée, nous avons mis à sa place un bâton de phosphore pour absorber l'oxygène. Nous avons enlevé ce dernier après trente-six heures de contact, et nous avons trouvé que le résidu gazeux que contenait l'éprouvette possédait tous les caractères de l'azote. La potasse avait absorbé 2,00 d'acide carbonique, et le phosphore 1,5 d'oxygène ; il restait donc 96,5 d'azote.

Exposée à l'air, cette eau se trouble au bout de quelque temps et abandonne un précipité rougeâtre dont les caractères chimiques sont les suivants : il est soluble avec effervescence dans l'acide azotique ; sa solution (fortement acide) étant mêlée avec un excès d'ammoniaque fournit un précipité gélatineux possédant tous les caractères physiques et chimiques du sesqui-oxyde de fer ; la liqueur ammoniacale séparée de ces flocons donne, avec l'oxalate d'ammoniaque, un abondant précipité d'oxalate de chaux ; le liquide séparé par filtration de l'oxalate de chaux, étant mêlé à du phosphate d'ammoniaque, fournit un précipité formé uniquement de phosphate ammoniaco-magnésien.

Ce dépôt est donc formé de carbonates de chaux de magnésie et de sesqui-oxyde de fer.

Soumise à l'action de la chaleur, l'eau de cette source laisse dégager, bien avant l'ébullition, des bulles nombreuses d'acide carbonique ; elle se trouble en même temps et abandonne un précipité grisâtre qui possède toutes les propriétés de celui que nous venons de décrire.

Elle ramène au bleu la teinture de tournesol rougie, et ne cesse pas de produire cette réaction lorsqu'on la fait bouillir pendant un temps suffisant pour déterminer la précipitation des carbonates de chaux et de magnésie qu'elle renferme.

Elle se comporte avec les réactifs comme il suit :

Potasse, soude et carbonates de ces bases, — précipité blanc.
Ammoniaque, — précipité blanc, floconneux, moins abondant.
Oxalate d'ammoniaque, — précipité blanc fort considérable.
Chlorure de baryum, — abondant précipité blanc insoluble dans l'acide azotique.
Azotate d'argent, — léger précipité blanc, cailleboté, insoluble dans l'acide azotique et soluble en entier dans l'ammoniaque.
Cyanure jaune de potassium et de fer, — action nulle.
Bichlorure de mercure, — le mélange devient laiteux au bout de quelques heures.
Eau de savon, — précipité grumeleux très abondant.

L'eau de chaux est troublée par l'addition d'une petite quantité d'eau d'Audinac. Une plus forte proportion de cette dernière fait disparaître le précipité produit en premier lieu.

Dans l'analyse quantitative, un litre d'eau de la source des Bains a fourni :

Chaux.	0 g, 572
Magnésie.	0,117
Alumine.	traces.
Oxyde de fer.	0,007
Oxyde de manganèse.	0,008
Potasse.	traces.
Soude.	0,007
Chlorure.	0,006
Iode.	traces.
Acide sulfurique.	0,10978
Acide silicique.	0,004
Acide carbonique.	0,180
Matière organique.	0,042
Acide crénique.	0,001

10 litres d'eau maintenues en ébullition pendant deux heures, en ayant la précaution de remplacer l'eau qui s'évaporait par une quantité équivalente d'eau distillée, ont laissé déposer un précipité contenant 2 grammes de carbonate de chaux, $0^{gr},100$ de carbonate de magnésie, $0^{gr},030$ d'oxyde de fer, $0^{gr},080$ d'oxyde de manganèse.

Etablissons, d'après ces données, la composition de l'eau rapportée à 1 litre.

$0^{gr},200$ de carbonate de chaux contiennent $0^{gr},088$ d'acide carbonique.

$0^{gr},010$ de carbonate de magnésie en contiennent $0^{gr},005$.

$0^{gr},003$ d'oxyde de fer, $0^{gr},008$ d'oxyde de manganèse, qui sont tenus en dissolution par cet acide, en exigent environ $0^{gr},008$.

Si de $0^{gr},180$, chiffre total de l'acide carbonique, nous déduisons $0^{gr},101$, il reste en acide carbonique libre $0^{gr},079$. Si de la quantité totale de chaux nous déduisons les $0^{gr},112$ qui s'y trouvent à l'état de carbonate, il reste 0gr,460 de cette base qui, en se combinant à 0gr,657 d'acide sulfurique, fournissent 1gr,117 de sulfate de chaux ; si de 0gr,978 d'acide sulfurique nous déduisons les 0gr,657 qui s'y trouvent sous la forme de sulfate de chaux, il nous restera 0gr,321 de cet acide qui forment, avec 0gr,169 de magnésio, 0gr,490 de sulfate de magnésie. Les 0gr,006 de chlore s'unissent à 0gr,002 de magnésium, et fournissent 0gr,008 de chlorure de magnésium.

Les 0gr,004 d'oxyde de fer, qui ne se déposent pas pendant l'ébullition de l'eau, peuvent être considérés comme unis à l'acide crénique, et forment 0gr,005 de crénate de fer.

La soude et la potasse que contient l'eau peuvent être supposées unies, soit à l'acide carbonique, soit à l'acide silicique, mais avec beaucoup plus de probabilité à ce dernier ; on a donc 0gr,020 de silicate de soude. L'iode s'y trouve probablement combinée au magnésium.

D'après cela, un litre d'eau contient :

Sulfure de calcium.	traces.
Chlorure de magnésium. . . .	0 g,008
Ioduro *idem*.	traces.
Carbonate de chaux.	0,200
Idem de magnésie.	0,010
Sulfate de chaux.	1,117
Idem de magnésie.	0,496
Oxyde de fer.	0,003
Idem de manganèse.	0,008
Crénate de fer.	traces.
Alumine.	traces.
Silicate de soude.	0,020
Idem de potasse.	traces.
Matière organique.	0,042
Acide carbonique.	0,079 ou 36,30cc.
Total. . . .	1 g,988

2° *Source froide indiquée sous le nom de* Louise.

La température de cette source est de 22°; sa densité, prise à 15°, égale 1,0019. Les caractères physiques et chimiques de l'eau sont exactement les mêmes que ceux de la source chaude; les réactifs indiquent aussi qu'elle renferme les mêmes éléments, mais, comme nous allons le voir, dans des proportions un peu différentes.

Un litre de cette eau a fourni :

Chaux.	0 g,470
Magnésie.	0,407
Alumine.	traces.
Oxyde de fer.	0,007
Oxyde de manganèse.	0,005
Potasse.	traces.
Soude.	0,009
Chlore.	0,012
Iode.	traces.
Acide sulfurique.	0,550
Acide silicique.	0,003
Acide carbonique.	0,210
Acide crénique.	0,002
Matière organique.	0,058

ou bien :

Chlorure de magnésium.	0 g,016
Iodure.	traces.
Carbonate de chaux.	0,150
Carbonate de magnésie.	0,004
Sulfate de chaux.	0,935
Sulfate de magnésie.	0,464
Oxyde de fer.	0,007
Oxyde de manganèse.	0,005
Alumine.	traces.
Crénate de fer.	0,008
Silicate de soude.	0,012
Silicate de potasse.	traces.
Matière organique.	0,058
Acide carbonique.	0,142 ou 71 cc.
Total.	1 g,801

Comme on le voit, cette source se distingue de la première par l'absence de l'odeur sulfureuse, ou au moins par l'intensité beaucoup moindre de cette odeur, par la présence d'une quantité moindre de sels de chaux et d'une proportion un peu plus forte de sels de fer et d'acide carbonique. L'alcalinité légère de l'eau des deux sources nous paraît devoir être rapportée au silicate de soude, dont l'analyse y démontre l'existence.

L'une des deux sources (la plus froide) renferme du carbonate et du crénate de fer dans des proportions suffisantes pour qu'on puisse la rapprocher, sous ce rapport, de plusieurs sources qui doivent surtout leur activité au fer. Toutes les deux contiennent une petite quantité d'iode.

La source des Bains doit sans aucun doute son odeur sulfureuse à un peu de sulfure de calcium dont l'origine est facile à concevoir, puisqu'elle contient en même temps du sulfate de chaux et une matière organique qui a pu, en réagissant sur une trace de ce dernier sel, le transformer en sulfure. La matière organique se compose d'acide crénique, et en outre d'une substance que MM. Lafont-Gouzy et Magnès avaient désignée sous le nom de bitume, et qui en effet se rapproche, sous plusieurs rapports, de ce que l'on désigne ordinairement sous ce nom.

Il est à remarquer que le dépôt ferrugineux recueilli à la source et soumis à l'analyse n'a pas fourni de traces d'arsenic, tandis que ce principe se retrouve dans presque tous les dépôts qu'abandonnent les eaux ferrugineuses. La proportion d'acide carbonique dont l'analyse démontre l'existence dans l'eau de chacune des deux sources est un peu supérieure à celle qu'il faut pour former des bi-carbonates de chaux, de magnésie et de fer, avec la quantité de ces bases qui a été comptée plus haut comme carbonate neutre. Les eaux d'Audinac peuvent donc être classées parmi les eaux thermales salines acidules ferrugineuses.

Cette analyse chimique se trouve corroborée, en quelque sorte, sous le rapport thérapeutique, par les observations faites par M. le docteur Sentein, dont la science alliée à une pratique continue de plusieurs années en qualité d'inspecteur des eaux d'Audinac, le place au premier rang des médecins attachés aux établissements thermaux. Aussi croyons-nous ne pouvoir mieux faire que de rapporter, à la suite de l'analyse de M. Filhol, les considérations que M. Sentein a écrites sur les vertus de ces eaux. Pourrait-on trouver un observateur plus judicieux et surtout mieux choisi que celui qui a consacré plusieurs années d'expériences à l'étude des maladies qui ont été ou soulagées ou guéries par les eaux d'Audinac?

Les eaux minérales d'Audinac, dit M. le docteur Sentein, différant entre elles, non-seulement par leur thermalité, mais encore par leur composition chimique, doivent nécessairement varier dans leurs applications et remplir les indications fort différentes et même opposées sous certains rapports.

Les eaux d'Audinac pourraient être désignées comme thermales acidules salines ferrugineuses.

Déjà différentes, comme on le voit, par leur thermalité et par leur composition chimique, elles ont en outre des propriétés, ou, si l'on veut, elles produisent des effets thérapeutiques variés tenant plus particulièrement à leur mode d'administration.

Données à l'intérieur, en boisson, à la dose de 3 à 6 verres par jour, suivant les cas, elles agissent d'une manière différente, selon qu'elles sont prises à la source chaude ou à la source froide, et, dans les deux cas, suivant la forme sous laquelle elles sont administrées.

Les eaux chaudes administrées à l'intérieur, en boisson, sont : purgatives, diurétiques, diaphorétiques, ou même décidément sudorifiques chez certains sujets.

Les eaux de la source chaude, en boisson, exercent sur tout le tube digestif, une action qui, ressentie sympathiquement par la peau, est d'une grande utilité au traitement des affections cutanées.

En tant que purgatives, lentes, mais soutenues, elles sont avantageuses contre certaines phthisies chroniques encore peu prononcées, ne s'accompagnant ni d'une grande irritation inflammatoire, ni surtout de la formation de tubercules dans le tissu pulmonaire.

Au même titre, elles sont fondantes ou désobstruantes, présentant par conséquent de grandes ressources dans le traitement des engorgements chroniques du foie, du pancréas, de la rate et des reins, en expulsant les vieux amas de matières saburrales et de bile dégénérées, tout en combattant en même temps l'habitude de sécrétion bilieuse, en excès chez les sujets qui en sont atteints.

L'effet des eaux est encore efficace si les engorgements dont il s'agit sont sous la dépendance de la répercussion de quelque maladie éruptive ancienne.

Il est seulement important dans ces cas que les engorgements des viscères désignés n'aient pas dégénéré au point d'être devenus des squirrhes, ou surtout des cancers plus ou moins enflammés ou ulcérés.

En boisson, les eaux de la source chaude ont suffi, dans plus d'une occasion, pour détruire des spasmes douloureux, fixes, établis depuis un temps plus ou moins long sur quelque point du tube digestif ou dans quelque viscère. C'est ainsi que l'on a heureusement combattu des spasmes de l'œsophage, du cardia et du pylore ; de l'estomac et des intestins, de la vessie ; des douleurs fixes qui s'étaient comme inséparablement attachées au foie, à la rate, aux reins ; des spasmes du vagin et du col utérin rendant constamment les approches sexuelles douloureuses.

Quelques flux, tels que des gastrorrhées, avec vomituritions ou vomissements de matières visqueuses, blanchâtres, fort acides ; des diarrhées et des dyssenteries chroniques sans symptômes inflammatoires, ou accompagnées d'irritations peu intenses, se sont parfaitement trouvés de l'emploi des eaux chaudes dirigées contre elles. Il en a été de même de cas nombreux de catarrhe vésical et de fleurs blanches, après que les symptômes inflammatoires qui les avaient précédés ou qui les accompagnaient avaient été préalablement traités.

Comme diurétiques, outre qu'elles concourent avantageusement au traitement de beaucoup de maladies de natures variées, elles sont surtout appropriées aux maladies des voies urinaires qui ne supporteraient pas encore l'action des eaux froides et à la tendance des infiltrations aqueuses qui accompagnent presque toujours les engorgements des viscères un peu avancés.

L'avantage des eaux chaudes comme diaphorétiques et même sudorifiques est trop facile à pressentir pour qu'il ne doive pas suffire ici seulement de l'indiquer. Le traitement de l'asthme sec ou humide convulsif et celui de la plupart des spasmes intérieurs trouvent dans leur emploi, à ce titre, un actif auxiliaire.

Dans un grand nombre de circonstances, les eaux de la source chaude exercent une action combinée, une action d'ensemble ; elles agissent en même temps comme purgatives, comme diurétiques et comme sudorifiques, ou tout au moins diaphorétiques. On sent combien une pareille métasyncrise, s'opérant toujours avec douceur et d'une manière graduée, doit être avantageuse, habilement dirigée par un médecin praticien contre des états morbides rebelles très variés.

Les eaux *froides* prises en boisson, à la dose d'un à deux verres, plusieurs fois dans la journée, selon les cas, sont puissamment excitantes, toniques, et nous dirons même *roborantes,* car leur emploi, suffisamment prolongé, renforce d'ordinaire d'une manière sensible toute la constitution ; leur température plus basse et les plus fortes proportions de leur acide carbonique libre, de leur chlorure de magnésium et de leur carbonate de fer, nous en donnent l'explication. Les eaux de cette source sont utiles contre toutes les débilités du tube digestif : défaut d'appétit, difficulté de digestion, rapports acides ou nidoreux, vomissements ou diarrhées, suite de ce malaise ; accumulation de gaz, soit dans l'estomac, soit dans les intestins. En vertu de leur acide carbonique libre, elles sont décidément sédatives : elles constituent une sorte de potion anti-émétique de rivière naturelle. On a remarqué que, par le temps orageux, la proportion d'acide carbonique était encore plus considérable. Cette circonstance peut être encore mise à profit.

Les eaux froides d'Audinac sont plus spécialement utiles contre les maladies des voies urinaires occasionées par la diathèse lithique, le catarrhe vésical atonique, les pertes séminales et la stérilité, suite d'excès de masturbation ou de plaisir vénérien ; contre les fleurs blanches par simple défaut de ton et contre les blennorrhées rebelles non syphilitiques des deux sexes.

Elles sont d'une efficacité reconnue par rapport à l'expulsion des matières sablonneuses et de ses graviers. C'est en se tamisant en quelque sorte dans les reins qu'elles combattent la diathèse lithique.

Sous cette forme encore, nos eaux froides combattent avantageusement la chlorose ou pâles couleurs, et la laxité des tissus qui l'accompagne, en augmentant le cruor, la partie ferrugineuse et la consistance du sang. C'est ainsi qu'on doit expliquer l'avantage qu'elles ont si souvent de rétablir ou de régulariser les règles, et de rappeler ou de provoquer le flux sanguin hémorrhoïdal.

Elles ont rendu des services aussi considérables dans une foule de maladies avec atonie, telles que la débilité, suite d'hémorrhagies ou de saignées excessives, les formes variées du scorbut; la tendance aux collections aqueuses, etc.

Le fer, qui, quand il est administré isolément, a une action thérapeutique très marquée, particulièrement sur la composition du sang, est mieux supporté par l'estomac, pénètre bien plus facilement nos humeurs, et s'y dissout infiniment mieux sous la forme de carbonate et de crénate de fer, parce qu'il est ainsi beaucoup plus aisément assimilable.

Mais on sent bien que l'emploi des eaux de cette source dans toute cette classe de maladies est contre-indiqué lorsque la faiblesse, au lieu d'être *réelle*, n'est qu'*apparente* ou trompeuse; quand, au lieu d'y avoir *prostration réelle*, cette distinction est de la plus haute importance au point de vue pratique.

Il est des états morbides chroniques, compliqués, qui exigent que les eaux minérales d'Audinac, tant froides que chaudes, ne soient administrées qu'après certaines précautions, ou mêlées avec d'autres substances adoucissantes ou médicamenteuses. Hoffmann s'était déjà bien trouvé de mêler le lait, le petit-lait ou d'autres liquides adoucissants aux eaux minérales naturelles dans le traitement de beaucoup de maladies chroniques difficiles à guérir; et plus d'une fois, à l'exemple de praticiens d'un grand mérite, nous avons rendu le traitement de certaines maladies de la peau rebelles évidemment plus avantageux en renforçant l'action de leur traitement par les eaux minérales, par l'addition de sucs d'herbes dépuratives, de laxatifs ou de purgatifs doux, et même de quelques pilules de Bellosto.

Dans les dyspepsies, les digestions difficiles, etc., où les eaux froides sont les mieux indiquées, surtout prises à la source même, il est souvent avantageux de les mêler au vin ou à l'eau sucrée pour faciliter la digestion.

Les eaux d'Audinac en bains pris comme moyen de concours avec les eaux en boisson, se sont montrées utiles contre certaines maladies cutanées, anciennes, rebelles, dégénérées, telles que les affections sporiques et dartreuses, ainsi que certaines syphilides ; contre les affections rhumatismales et goutteuses légères et chroniques sous forme vague ; contre les maladies nerveuses, telles que l'hystérie, l'hypocondrie, etc.

Il est presque inutile de dire que le tempérament sanguin, les éruptions à la face accompagnées de mouvements fluxionnaires vers la tête et les épistaxis habituelles constituent autant de contre-indications.

Enfin, les eaux d'Audinac remplissent encore d'autres indications purement topiques quand elles sont employées, soit chaudes, soit froides, contre des vices locaux.

Si nous ne craignions de sortir des bornes de notre sujet, que nous nous sommes proposés de traiter spécialement sous le point de vue historique, nous pourrions rapporter ici les observations faites par M. le docteur Sentein et qu'il a publiées dans ses diverses brochures. Mais, outre que ce serait nous écarter du plan que nous nous sommes tracé, nous entrerions encore dans des détails trop longs et peut-être aussi trop scientifiques. Nous nous contenterons donc d'indiquer les titres sommaires de quelques-unes des maladies qui ont été guéries par les eaux d'Audinac. Nous choisirons pour cela celles qui ont paru à M. le docteur Sentein mériter une distinction particulière. Nous n'aurons qu'à choisir dans une longue nomenclature de malades et de maladies.

En 1835, Mlle ...., d'une constitution délicate, fut guérie par les vertus des eaux d'Audinac d'un engorgement des glandes du mécantère, suite de fièvres intermittentes tierces.

Dans le mois d'avril 1836, M. ..., jeune homme de 18 ans, fut guéri d'un engorgement de la rate à la suite d'une longue fièvre intermittente quotidienne. Les eaux administrées à l'intérieur et à grandes doses ne laissèrent plus la moindre trace ni des accès ni de la douleur qu'il éprouvait. Quant à l'engorgement de la rate, les douches, sans le résoudre en entier, le diminuèrent considérablement.

Cette même année, un engorgement de foie, suite d'une fièvre intermittente quarte, fut débarrassé, sinon complètement, du moins d'une manière salutaire, au point que l'année suivante, 1838, l'usage des eaux d'Audinac l'aurait entièrement guéri.

L'année 1837, M......, âgé de 45 ans, fut guéri d'un engorgement du pancréas, suite d'une suppression de flux hémorrhoïdal. Après un traitement préalable, les eaux d'Audinac ayant été administrées à l'intérieur à la dose de six à huit verres dans la journée et en bains, les palpitations de la région épigastrique cessèrent insensiblement en même temps que le flux hémorrhoïdal se rétablissait de son côté.

En 1841, le nommé D. R....., âgé de 50 ans, fut guéri d'un engorgement de la prostate par suite d'une blennorrhagie syphilitique, et cela par l'administration des eaux à l'intérieur, en bains et en douches.

Guérisons d'un engorgement du pylore et d'une fièvre artificielle résolutive de l'empatement du rein gauche. Ces deux effets produits sur deux sujets différents ont été obtenus pendant la saison des bains de l'année 1842.

Irritation chronique de l'isthme du gosier et de la partie supérieure du pharynx par l'emploi des eaux d'Audinac en gargarismes.

Paralysie commençante de l'œsophage et du cardia, suite d'une vive irritation de ces parties. — Eaux d'Audinac en boisson ; — soulagement très marqué.

Gastrite chronique occasionée par la rétrocession d'une légère dartre farineuse à la région hypogastrite et d'un flux hémorrhoïdal. — Eaux d'Audinac à l'intérieur.—Retour du flux hémorrhoïdal. — Amendement notable. — Guérison complète, plus tard, par la thérapeutique ordinaire.

Catarrhe stomacal, suite d'une gastro-entérite chronique. — Administration des eaux pendant deux ans. — Guérison complète. — Mlle F. B... était atteinte de ce catarrhe depuis dix ou douze années, et c'est à l'emploi des eaux d'Audinac, administrées à l'intérieur et à la dose de six à huit verres par jour, que la maladie céda, après deux saisons, à la vertu de ces eaux.

Gastro-entérite par excès de régime échauffant. — Eaux d'Audinac administrées à l'intérieur. —Soulagement prononcé.

Mme L. R....., âgée de 26 ans, fut considérablement soulagée d'une entérite chronique, suite d'une péritonite puerpérale. Les eaux d'Audinac, administrées en boisson d'abord et en demi-bains ensuite, opérèrent d'heureux résultats.

Nous bornons ici l'analyse des maladies guéries ou soulagées par l'emploi des eaux d'Audinac, laissant au public lui-même le soin de préconiser un établissement thermal dont la réputation est déjà si universellement répandue et si justement méritée.

CHAPITRE III.

Itinéraire dans les environs. — Première excursion : Saint-Lizier, Montjoie, Lédar, Saint-Girons. — Seconde excursion : vallée de Castillon, Aubert, Moulis, Engoumer, Castillon, vallée de Betmale. — Troisième excursion : vallée du Mas-d'Azil; historique du Mas-d'Azil; grotte. — Quatrième excursion : les environs d'Audinac.

Le baigneur qui veut jouir des agréments de la promenade se trouve à Audinac dans un pays qui lui offre ce plaisir sous tous les aspects et avec tous les avantages possibles. Montagnes pittoresques, beaux sites, vallées grandioses, populations et mœurs originales, cités antiques, monuments historiques, tout cela peut s'offrir à sa curieuse investigation.

Nous allons aider, au reste, l'inexpérience du baigneur dans les courses qu'il désirerait faire dans les environs, en lui traçant d'avance un curieux et intéressant itinéraire. Pour cela nous allons profiter d'une belle journée et des faciles moyens de transport qu'offre l'établissement d'Audinac pour nous diriger d'abord vers l'ancienne capitale du Couserans, Saint-Lizier.

Dans ce but, nous pouvons prendre un chemin de grande vicinalité qui, de la route départementale, nous conduit, en prenant la droite du voyageur qui se dirige à Saint-Girons, directement à Saint-Lizier, dont la distance de l'établissement des bains est d'environ huit kilomètres. Des petites vallées, des côteaux fertiles, des monticules cultivés avec soin s'offrent de toutes parts sur notre route. A peine avons-nous atteint le sommet de Montjoie, où le paganisme faisait des sacrifices à Jupiter et où le catholicisme a établi un pèlerinage en l'honneur de saint Lizier, que nous voyons s'élever en amphithéâtre l'ancienne cité du Couserans. Assise sur le penchant d'une colline abrupte, occupée par des maisons depuis sa base que baigne le Salat jusqu'au sommet sur lequel dominent l'église et l'hospice, la ville s'offre à nos regards sous différents aspects.

Vue de loin, on dirait un nid d'aigle bâti sur des rochers ; mais, lorsqu'on entre dans ses murs, on s'aperçoit que, dans les temps anciens, elle a dû être une place très fortifiée. On voit les restes des remparts qui lui servaient d'enceinte, et ses monuments portent avec eux l'empreinte d'une très haute antiquité. Ainsi l'ancienne maison canoniale qui fait partie aujourd'hui de l'hospice des aliénés, l'hospice lui-même, vaste et aéré, et dont la cour bâtie au sommet du plateau domine les environs, enfin la tour qui s'élève du côté du Salat sont des objets qui méritent d'être visités.

Nous indiquerons également l'évêché avec son vaste jardin, dont le fondateur fut M. de Marmiesso, évêque du Couserans. Des fenêtres de cet édifice on peut admirer la jolie plaine du Bas-Salat qui se déroule à nos pieds, et compter les douze gros villages qui sont disséminés dans cet espace de verdure, et dont quelques-uns peut-être furent autrefois des villes florissantes. La cathédrale, qui est sur un plateau secondaire, porte avec elle les traces de son antique origine. Les voussures du portail, les boiseries du chœur et les reliques de saint Lizier s'offrent d'abord à l'attention du touriste et de l'historien. Quelques vieilles maisons se distinguent par-ci par-là, dans ces rues étroites et où l'herbe croît sous les pieds de l'étranger qui les foule. Nous signalerons comme but d'une visite à faire la maison de M. de Saint-Blanquat.

On a trouvé, il y a quelque temps, dans son jardin les ossements de six guerriers alignés côte à côte, et couverts d'armures usées. Ces squelettes avaient près de six pieds de haut, et rappelaient, dit-on, la stature des barbares. M. de Saint-Blanquat possède encore un casque en fer qui coiffait un de ces squelettes. Il ne forme qu'une seule pièce fondue ou frappée ensemble, sur laquelle on voit, malgré la rouille, l'empreinte de diverses lignes et figures bizarres.

En descendant de Saint-Lizier et en suivant la rue principale qui aboutit au pied du monticule, on arrive sur les bords du Salat. Ce petit faubourg se distingue par l'activité de ses habitants et par les usines et les papeteries qui fonctionnent sous l'action des eaux de la rivière. Le pont qui sert à traverser le Salat et qui s'offre à nos yeux remonte à une très haute antiquité. On attribue sa fondation aux Visigoths. On peut lire sur une pierre de la seconde arche une inscription que nous avons rapportée plus haut.

En traversant ce pont, nous quittons l'étranglement des deux plaines que domine la hauteur de Saint-Lizier et nous suivons la route de Saint-Girons. Après avoir fait quelques pas sur cette route, nous prenons le chemin de droite, et nous arrivons au petit village de Lédar, situé sur le bord du Lez. Après avoir visité la petite église et deux jolies fabriques qui animent ce joli petit village, on suit la route le long du Lez et l'on parvient à Saint-Girons, chef-lieu de l'arrondissement.

La ville de Saint-Girons, dont l'origine remonte au XIIe siècle, est assise dans un magnifique bassin auquel aboutissent quatre superbes routes. Des montagnes s'élèvent tout autour en amphithéâtre, et entourent la cité comme de barrières infranchissables. Le Salat la traverse dans toute son étendue, et va rejoindre le Lez au-dessous des dernières maisons. Trois magnifiques ponts bâtis en marbre mettent en communication les deux quartiers de la ville. Le tribunal de première instance, l'église de Saint-Valier et l'ancienne église sont les trois principaux monuments de Saint-Girons. Le couvent des Capucins, aujourd'hui désert, et celui des Dames-de-Nevers méritent notre attention. Aux environs s'offrent les plus beaux paysages des Pyrénées, soit qu'on se dirige vers la route de Seix ou celle de Lacourt, soit qu'on se porte vers l'entrée de la délicieuse vallée de Castillon. La promenade qui est sur les bords du Salat en face le tribunal et celle qui longe le boulevard offrent une perspective admirable. En se plaçant au milieu du pont qui conduit sur la place de la Douane, on peut admirer la ville de Saint-Lizier, qui se présente aux regards attentifs comme un vaste panorama digne du pinceau de Bouton.

Après avoir visité Saint-Girons dans tous ces détails, on rentre à Audinac par la route départementale de Toulouse, et l'on va se reposer agréablement des fatigues de cette courte et facile excursion.

Si l'on désire renouveler de semblables courses, nous en indiquerons une qui aura pour but d'explorer une des plus jolies vallées des Pyrénées : celle de Castillon. Pour l'effectuer, nous n'aurons qu'à nous transporter de nouveau à Saint-Girons, et là, à la jonction du Salat et du Lez, nous suivons la même route qui nous a menés à Lédar. De ce lieu nous voyons s'ouvrir devant nous une gorge formée par des montagnes boisées; à cette gorge commence la fertile vallée de Castillon parsemée de villages.

Vous rencontrez d'abord le joli village d'Aubert assis dans des prairies et ombragé de bois et d'arbres fruitiers. A peu de distance de ses maisons, on rencontre ses carrières de marbre noir si estimé et qui sont en pleine exploitation. Au-dessus des carrières on va visiter la chapelle de Monfaucon, autour de laquelle on découvre çà et là des ossements humains murés et maçonnés. Plus loin, et à quelques pas de distance, se montre le village de Luzenac et son église remarquable par une belle rotonde antique.

Après avoir quitté Luzenac et sur la route départementale, on arrive au village de Moulis. En portant ses regards sur la montagne qui, vers notre droite, domine ce lieu, on aperçoit le château de Moulis et sa chapelle qui s'en détache au-dessus d'un mamelon. Sous les anciens seigneurs, cette chapelle donna lieu à un usage qui, dit-on, s'est conservé de nos jours. A la fête patronale de Moulis, le curé de la paroisse va dire une messe à cet oratoire. Au sortir de l'office, le seigneur du château tenait table ouverte et donnait un repas aux vingt-cinq premiers habitants qui entraient dans son manoir. On festoyait ainsi pendant toute la journée en l'honneur du saint dont on célébrait la fête, et l'on comprend que les invités ne manquaient jamais à accomplir cet usage féodal.

De Moulis à Engomer, la distance n'est que de trois kilomètres environ. En entrant dans le village d'Engomer, la première visite à faire est celle qu'on doit à la forge appartenant aujourd'hui au respectable M. de Gabarrus. Napoléon, voulant établir une manufacture d'armes dans les Pyrénées, avait choisi à cet effet le lieu d'Engomer. Depuis cette époque, on y a fondé une forge dont le fer est très estimé. La mine qui l'alimente est transportée de Vic-Dessos, et on lui donne en échange du charbon de bois dont la vallée de Castillon abonde. Le village de Moulis et celui d'Engomer sont les plus riches et les plus peuplés de la vallée de Castillon. Le lieu d'Alan, qui n'est qu'à une médiocre distance d'Engomer, est renommé par sa papeterie, dont les eaux qui descendent de la montagne de Balagué ont fait la plus grande réputation.

Deux côteaux qui rendent la route plus difficile pour les charrois séparent Engomer de Castillon, bâtie sur un plateau à l'entrée des trois vallées de Biros, de Betmale et de la Bellongue. Son nom lui vient de celui de son château (*castellum*). Il est le chef-lieu du canton, et sa population s'élève à peine à douze cents âmes. L'abondance des eaux, la douceur du climat, la quantité de terres végétales, tout, dans cette localité, favorise l'agriculture et y multiplie les récoltes. Aussi ses habitants, qui ont transformé en champs labourés les pentes les plus rapides et les cimes en apparence les plus stériles, sont-ils plutôt agriculteurs qu'industriels.

La plus ancienne antiquité de Castillon est sans contredit la chapelle du Calvaire qui s'élève sur un mamelon qui domine le bourg, et qui anciennement faisait partie du château. On y voit, à gauche du portrail, une pierre représentant un évêque assis entre une crosse et une clef, et portant sur son genou gauche un cartouche avec une inscription en langue moitié latine, moitié romane, et qui paraît pouvoir se traduire ainsi : « *Pierre, prince du siége romain*.... *En mil... an.* — LACASA FUT FESUR DE L'OEUVRE. »

La petite ville de Castillon, dont la situation est admirable, compte au nombre de ses administrations une brigade de gendarmerie et un bureau de douane ; elle est regardée ainsi comme ville frontière. Centre d'une population nombreuse qui comprend trois grandes vallées, ses marchés et ses foires sont très renommés, ce qui, joint à ses avantages naturels, en fait une ville très prospère et fort riche.

De la ville de Castillon à la vallée de Betmale, la distance n'est pas longue ; celle-ci se trouve vers le sud-est des montagnes qui la séparent du canton d'Oust. Le Betmale, à proprement parler, est plutôt un des affluents de Biros qu'une vallée particulière. Mais, par un concours de circonstances inexplicables, ce coin des Pyrénées est un de ceux qui sont restés les plus isolés et les plus caractéristiques.

Dès qu'on se dirige sur la route de Betmale et avant même d'aborder ses limites naturelles, on est frappé d'abord de son existence qu'on soupçonne à peine. L'entrée de la vallée étant étroite et escarpée, on n'aperçoit son territoire qu'en le foulant aux pieds. On s'étonne alors de sa topographie qui se résume en un lac, en quelques forêts et en une cascade, le tout coupé et accidenté par six villages dont le plus important est Ayet ; sa population est tout au plus de 550 habitants.

Mais ce qui fait remarquer la vallée de Betmale, ce sont les mœurs, c'est le costume de ses habitants, c'est surtout la réputation de beauté qui distingue les Betmalaises. « On peut « voir dans cette vallée, dit le docteur Sentein, telles filles « ou femmes d'une perfection physique assez remarquable « pour que des comparaisons avec le type géorgien et circas- « sien n'eussent point dû les effrayer. » C'est là un fait incontestable.

Aussi une visite dans la vallée de Betmale ne peut laisser que d'agréables impressions. Il serait inutile d'entrer à ce sujet dans d'autres détails que ceux que nous avons donnés, puisqu'on peut se les procurer soi-même en se rendant sur les lieux. Nous dirons seulement que pendant l'année 1846 et 1847, cette vallée fut décimée par une épidémie varioleuse qui fit éclater le dévouement de M. le docteur Sentein, de Saint-Girons, inspecteur des eaux d'Audinac, qui fut nommé par M. le sous-préfet pour étudier cette maladie sur les lieux La brochure publiée par M. Sentein offre des aperçus curieux et intéressants sur la nature de cette *petite-vérole* et sur les ravages qu'elle fit dans cette vallée.

Dès qu'on a séjourné quelques heures dans la vallée de Betmale, on revient à Saint-Girons à marche forcée, le chemin étant plus facile à parcourir, puisqu'on descend toujours jusqu'au chef-lieu de l'arrondissement. Avant de rentrer à Audinac, on peut se reposer à Saint-Girons, où l'on trouve tout le confort de la vie. On renvoie au lendemain matin sa promenade de retour à l'établissement des bains.

La troisième excursion que les baigneurs peuvent faire et qui n'est pas aussi longue que la précédente, quoique moins pittoresque, est celle qui a pour but le bassin du Mas-d'Azil. Plus facile à réaliser par les moyens de transport qu'elle offre en prenant pour ligne de parcours la route de Toulouse, elle a encore un intérêt historique qui n'est pas à dédaigner.

Le bassin du Mas-d'Azil commence au sommet de la côte que l'on rencontre, après le lieu de Clermont, sur la route de Saint-Girons à Toulouse. Il paraît alors resserré dans une étroite vallée, enfermée elle-même par des monticules boisés qui bornent de toutes parts son enceinte. C'est dans le fond de cette vallée modeste qu'on aperçoit la petite capitale de ce pays mi-protestant et mi-catholique. On y arrive en descendant une montagne abrupte et à pentes raides.

Le Mas-d'Azil, chef-lieu de canton, situé dans la partie occidentale du département de l'Ariége, à 265 mètres au-dessus du niveau de l'Océan, est assis au milieu de ce vallon resserré, de toutes parts également fermé d'une montagne qui ne semble séparée en aucun endroit. On ne voit ni l'entrée ni l'issue d'une petite rivière dont l'eau vive coule dans un canal agréable, et, décrivant un arc de cercle, baigne du sud au nord les murailles de la ville. A la voir serpenter dans la plaine, on dirait que la nature la fait naître et mourir dans le même vallon où son cours n'a qu'environ une demi-lieue d'étendue. A dix minutes de la ville, en remontant vers le sud-ouest, la montagne s'ouvre par le bas des deux côtés et, laissant à l'Arise (1) un vaste passage, forme une grotte immense dont la voûte lisse et unie, soutenue par un pilier naturel, présente aux yeux du contemplateur étonné un spectacle à la fois effrayant et sublime.

La vue de ce souterrain est admirable : ici, une longue galerie ; là, d'étroites et hautes corniches ; ailleurs, des corridors

---

(1) Cette rivière prend naissance dans les montagnes d'Esplas, et se décharge dans la Garonne presqu'en face de Carbonne, après un cours de 12 heures : elle est très poissonneuse.

latéraux dont les profondeurs se cachent dans une nuit impénétrable, et où le fumier des chauves-souris exhale sans cesse une odeur nauséabonde ; plus loin, un roc en saillie forme un pont suspendu : à côté, des abîmes dont l'œil mesure avec effroi la profondeur ; et de toutes parts, un bruit sourd et confus, des grondements solennels et menaçants : c'est l'Arise dans ces solitudes souterraines, brisant ses eaux contre les énormes rochers qui gênent son passage.

Cette immense caverne n'est pas moins majestueuse au dehors qu'au dedans. D'un côté, c'est une ouverture large, grandiose, tapissée de guirlandes de verdure qui descendent du haut de la voûte jusqu'à la rivière, et qui agitées par le vent forment un gracieux spectacle quand le soleil vient le matin éclairer ce tableau (1). De l'autre côté, l'ouverture est plus basse, et le rocher, d'une masse plus imposante et plus horrible, s'élève en amphithéâtre et forme trois galeries, dont l'une excite la plus grande admiration. C'est un chemin spacieux d'environ 400 mètres de longueur, partout naturellement taillé dans le roc, auquel on a donné le nom de *Solitaire*. Quelques filets d'eau fraîche suintent de la voûte élevée qui couvre la galerie : au-dessous, la rivière bouillonne dans des gouffres qu'elle a creusés dans le roc, se brise et mugit ; coule enfin dans le vallon, en arrose les prés et les jardins ; puis, s'enfuyant en silence parmi les arbres nombreux qui bordent son rivage, elle s'épanche entre deux montagnes si près l'une de l'autre qu'elles semblent s'unir ensemble.

Quand on visite la grotte, on trouve à l'entrée qui regarde la ville les restes d'un mur où s'élevait naguère un portail que

---

(1) Cette ouverture a environ 30 mètres de haut sur 18 mètres 70 centimètres de large. L'élévation de la voûte est dans quelques endroits plus considérable. — DE S. PAUL : *le Mas-d'Azil*.

la main du temps avait dégradé, et que la rage dévastatrice des hommes a entièrement renversé quand le marteau de la révolution mutila tant de précieux monuments. La clef de la voûte sur laquelle étaient sculptées des armoiries qui auraient rappelé aux générations futures quelques souvenirs, a été placée, il faut le dire à regret, au contre-cœur de la cheminée d'un pauvre vigneron (1).

Si, quittant cette merveille de la nature, vous poursuivez la route rapide et tortueuse qui conduit au haut de la côte de Baudet, vous voyez devant vous, à peu de distance, sur une montagne hérissée de rochers, les ruines du château de Roquebrune. N'y allez pas pour interroger les siècles passés, car il a subi la loi du temps, et de toute son antiquité il ne reste que de misérables débris. Mais si vous gravissez la montagne, de là vos regards se reposeront agréablement sur les verdoyantes prairies de Plagne que rafraîchit la rivière dans son cours sinueux. C'est presque de toutes parts un horizon resserré, borné au nord par une chaîne de rochers parallèles à la route qui s'élèvent perpendiculairement et comme un immense rempart au-dessus du hameau de Maurl ; plus loin, par le hameau de Rainaude que domine sa chapelle rustique, et d'un autre côté, par les flancs boisés des montagnes ; mais à l'ouest, la perspective n'est bornée que par la masse imposante des Pyrénées, dont les sommets lointains laissent apercevoir leurs formes irrégulières au milieu des vapeurs bleuâtres de l'horizon.

---

(1) Le vigneron et les gens âgés en général se souviennent que des vaches figuraient dans ces armoiries dont il ne reste plus aujourd'hui que le monogramme III répété à droite et à gauche de la place qu'occupait l'écusson qui est entièrement dévoré par le feu. On pense communément que la construction de ce portail remontait à Jeanne d'Albret.

Le vallon du Mas-d'Azil est sinon aussi fertile que celui de Plagne, du moins plus varié et plus riant. En effet, les chaînes de rochers qui l'entourent, et dont les dentelures grisâtres sont interrompues par des touffes de buis et de plantes aromatiques ; le fertile vignoble qui couvre la pente de ces montagnes et dont le vin délicat mérite d'être comparé pour la saveur et la finesse aux vins ordinaires de Bourgogne ; les arbres fruitiers qui y croissent en grand nombre, et qui ombragent çà et là de simples cabanes, complètent le tableau le plus intéressant comme le plus pittoresque. Mais que de fois, hélas ! n'a-t-on pas vu, après un violent orage, l'abondance des eaux se précipiter par torrents du haut de ces montagnes, entraîner dans son cours des pierres énormes, arracher du sein de la terre des vignes et des arbres ; ou dégrader par des éboulements dont les dommages ne peuvent être réparés que par des travaux longs et pénibles, ces terres que des murs innombrables soutiennent en amphithéâtre et qui ne doivent leur fertilité qu'aux soins persévérants du laborieux cultivateur.

Le sommet de ces montagnes est couronné par quelques petites maisons dont le site est agréable. Dans la partie ouest, sous de chênes antiques, on trouve une énorme pierre brute qui mérite l'attention des archéologues : elle est élevée en forme d'autel ; sa surface est dégradée par le temps, et ses côtés inégaux dépassent considérablement trois pierres de moyenne grandeur, placées de champ, deux parallèlement et l'autre à angle droit, sur lesquelles elle est appuyée. Quel est le laboureur des campagnes voisines qui ne s'est assis une fois sur cette table pour prendre son modeste repas ? Que de fois ne lui a-t-elle servi pour se mettre à l'abri de l'orage, ou à l'ombre pendant la chaleur du jour ? Et peut-être qu'à des temps reculés, c'était là, sur cette pierre, que les Druides gaulois immolaient à leurs dieux des victimes humaines.

Non loin de là est la grotte de Peyronnar, remarquable par les nombreuses et diverses stalactites qui couronnent sa voûte ; mais ici, comme dans toutes les grottes de ce genre, la main dévastatrice des égoïstes visiteurs vient s'opposer à l'accroissement de ces richesses. Cependant elle n'est point indigne de l'attention et de l'intérêt des amateurs et des curieux. Voyez au milieu de la grotte ce bloc isolé qui s'élève du sol, contemplez sa grandeur et sa forme : ne vous semble-t-il pas que la nature l'ait placé là pour dominer sur ces cavités souterraines ? A des temps de douloureuse mémoire, cette stalagmite prodigieuse servit, dit-on, de chaire à des pasteurs protestants qui expliquaient les doctrines de la Bible à un auditoire nombreux que la crainte des châtiments et l'amour de la prière attiraient dans cette silencieuse retraite.

A l'est de la ville, à une distance de 4 kilomètres et demi, sur le chemin de Gabre, au-delà des sites riants de Castagnés qu'on ne cesserait jamais d'admirer, et où, pendant les chaleurs de l'été, règne une délicieuse fraîcheur ; non loin de cette fertile aunaie et de ces jolies avenues de peupliers d'Italie qui bordent la rivière et le chemin, est une belle et vaste fabrique d'alun dont les produits supérieurs lui assurent un rang distingué parmi les fabriques de ce genre : ils ont figuré avec distinction en 1819 à l'exposition des produits de l'industrie française, et ont mérité à MM. Delpech frères et Compagnie une médaille de bronze qui, depuis, a été rappelée plusieurs fois.

La ville est traversée du nord au sud par la route royale n° 119, dite de Carcassonne à Saint-Girons. Aucun beau monument n'arrête l'attention du voyageur. Le pont jeté sur l'Arise a deux arches en pierre ; il est d'une construction solide. Les maisons sont en général fort anciennes, enfumées, mal bâties, et quelques-unes peu saines à cause de la grande humidité du sol. Il est vrai cependant que le Mas-d'Azil participe aussi au mouvement général, et que plusieurs particuliers remplacent chaque jour de vieilles masures par des maisons saines et commodes. On y compte 1,800 habitants : tous ne suivent pas la même croyance religieuse. Les catholiques et les protestants sont mi-partis ; mais quoique divisés sur le culte, ils sont réunis sur les devoirs.

Il y a peu d'industrie dans le pays : néanmoins on ne peut contester qu'elle n'y fasse quelque progrès. En effet, outre la fabrique d'alun, on voit une forge à la Catalane, qui passe pour la plus belle de l'Ariége ; elle est bâtie près de la grotte. Les roches effrayantes qui la dominent semblent la menacer de l'ensevelir sous leurs ruines. On rentre à l'établissement d'Audinac en suivant la même route et en s'arrêtant, soit à Plagne pour admirer ses vignobles et ses produits, soit à Clermont, qui offre un point de vue admirable, situé qu'il est au bas de la grande côte qui commence auprès d'Audinac et finit à ce dernier village.

Nous terminerons nos promenades aux environs de l'établissement d'Audinac en nous transportant d'abord sur les monts qui avoisinent. Là, en face de nous, est la jolie montagne de Tucan, du sommet de laquelle on domine le bassin que traverse la route de Saint-Girons à Foix. Nous voyons, en effet, en face de nous le village de Baliar, à gauche Lescure, et plus loin celui de Rimont qui s'élève au milieu de prairies et de ruisseaux qui s'étendent à ses pieds. Du côté opposé, apparaît le sommet de Baliar, si ombragé par les hêtres, les chênes qui couronnent sa tête. Arrivé à sa cime, on voit se dérouler un magnifique panorama dont les premiers plans sont, d'un côté, le bassin de Saint-Girons, de l'autre celui de Saint-Lizier, et dans le fond les montagnes du Castillonnais. Enfin, autour de l'établissement se trouvent encore

des sites admirables dont la description serait d'autant plus inutile que chaque étranger peut les admirer lui-même à son aise.

L'établissement des bains d'Audinac réunit ainsi tous les agréments et tous les avantages qu'on puisse désirer sous les rapports de la santé, du bien-être et de l'histoire.

FIN.

TABLE DES MATIÈRES.

Pages.

AX : Chapitre I. — Situation topographique d'Ax. — Division naturelle du département de l'Ariége. — Les anciens peuples qui habitaient ce pays. — Des *Flussates* et des *Tarasconienses*. — Mœurs, langage et religion de ces tribus. — Ax situé dans la contrée des *Tarasconienses*. — Epoque gauloise. 5

Chapitre II. — La contrée des *Tarasconienses* et la vallée d'Ax sous la période sarrasine. — Château de Maoü. — Ax fortifié. — Incendie de la ville. — Les protestants et les catholiques s'en rendent successivement maîtres. — Derniers événements concernant cette ville. — Divers faits historiques. 22

Chapitre III. — Aperçu général sur les eaux minérales. — Origine des eaux d'Ax. — Situation de la ville. — Trois établissements : le Couloubret, le Breil et le Teich. — Leurs sources. — Leur température. — Analyses diverses. — Observations chimiques. — Propriétés médicales des eaux d'Ax. — Conseils aux baigneurs. 52

Chapitre IV. — Voyages dans les trois vallées d'Ax, de Lordat et de Vic-Dessos. — Leur description. — Charte de la ville d'Ax. — Mines de fer de Rancié. — Personnages célèbres. — Mœurs et langage. — Commerce, industrie, etc. 72

Chapitre V. — Itinéraire aux environs de la ville d'Ax. — Lac de Fontargente. — Divers établissements de bains. — Hôpital. — Ressources de la ville : cabinet de lecture, hôtels, etc. 97

VALLÉE D'ANDORRE : Description topographique de cette vallée. — Documents historiques. — Administration civile, judiciaire et politique. — Organisation de cette petite république. — Mœurs, usages, coutumes, etc. 113

	Pages.
USSAT : Origine d'Ussat. — Sa situation. — Analyse de ses eaux. — Description de son établissement, etc. . . .	177

LES BAINS D'AUDINAC ET LE PAYS DU COUSERANS :

Chapitre I. — Situation topographique des bains d'Audinac. — Description générale du pays du Couserans. — Divers monuments historiques ; sources minérales, etc.. 196

Chapitre II. — Description de l'établissement d'Audinac ; analyse des sources, par M. Filhol ; propriété de ses eaux, etc., etc. 218

Chapitre III. — Itinéraire dans les environs. — Excursion à Saint-Lizier, Monjoie, Lédar, Saint-Girons, etc., etc.. 236

TOULOUSE. — Imprimerie du *Midi*, Typographie de Ve Corne, rue des Trois-Renards, 6.

www.ingramcontent.com/pod-product-compliance
Lightning Source LLC
Chambersburg PA
CBHW060119170426
43198CB00010B/952